U0672809

NAL
宁波学术文库

JD63.201509

Ningbo Dazong Shangpin Chanye Xietong
Yu Kuajie Ronghe Fazhan Yanjiu

宁波大宗商品产业协同与跨界融合发展研究

王永龙　　伍婵提 / 著

ZHEJIANG UNIVERSITY PRESS
浙江大学出版社

图书在版编目(CIP)数据

宁波大宗商品产业协同与跨界融合发展研究 / 王永龙，伍婵提著. —杭州：浙江大学出版社，2018.1
ISBN 978-7-308-17935-5

Ⅰ.①宁… Ⅱ.①王… ②伍… Ⅲ.①商品生产—产业发展—研究—宁波 Ⅳ.①F727.553

中国版本图书馆 CIP 数据核字(2018)第 015450 号

宁波大宗商品产业协同与跨界融合发展研究

王永龙　伍婵提　著

责任编辑	吴伟伟
文字编辑	姚　嘉
责任校对	杨利军　吴水燕
封面设计	春天书装
出版发行	浙江大学出版社
	（杭州市天目山路 148 号　邮政编码 310007）
	（网址：http://www.zjupress.com）
排　　版	杭州隆盛图文制作有限公司
印　　刷	虎彩印艺股份有限公司
开　　本	710mm×1000mm　1/16
印　　张	11.5
字　　数	200 千
版印次	2018 年 1 月第 1 版　2018 年 1 月第 1 次印刷
书　　号	ISBN 978-7-308-17935-5
定　　价	39.00 元

版权所有　翻印必究　印装差错　负责调换

浙江大学出版社发行中心联系方式　(0571)88925591；http://zjdxcbs.tmall.com

目　录

导　　论

一、研究背景

1. 世界经济格局调整及其对中国经济的输入性影响

2008年金融危机之后，全球经济结构进入深度调整期，美国率先通过量化宽松政策、快速市场出清等方式调整了经济结构，目前已进入经济复苏向好、加息周期渐进的发展阶段。欧元区经济增长放缓，通货紧缩风险上升，正在加大量化宽松政策力度。日本继续沿用安倍经济学和量化宽松政策刺激经济。新兴市场国家经济增长分化加剧，俄罗斯遭遇危机，巴西出现滞胀，印度经济增长较快。主要经济体经济周期错配，加剧了国际宏观政策协调难度。在新的世界经济格局下，美元汇率大幅升值、国际大宗商品价格持续下跌，国际贸易和投资出现波动，对全球经济增长产生了显著影响。

上述外部性因素给中国经济运行带来较大冲击和输入性影响，导致中国经济遭遇顺周期性通货紧缩。值得注意的是，本次通货紧缩虽首先发生于经济的生产部门，但通过其内在机制已逐步形成向消费领域和金融领域蔓延的趋势，并已对投资、消费、贸易、就业、结构调整等产生了显著影响。尽管2014年以来我国政府积极部署宏观调控政策，加强治理，但局部领域的经济紧缩问题仍较突出。在顺周期性紧缩经济格局中，去产能化与经济结构调整、增长方式转型过程交织、叠加，必然加剧经济下行压力。

2. 中国经济进入新常态面临新情况新问题

"新常态"最先由美国太平洋基金管理公司总裁埃里安提出①。2014 年 5 月,"新常态"一词首次出现在习近平总书记河南考察时的报道中。同年 7 月 29 日习近平总书记在党外人士座谈会上再次提出要正确认识中国经济发展的阶段性特征,进一步增强信心,积极主动适应新常态。此后,从 8 月 4 日开始,《人民日报》连续四天头版刊登特别报道和评论员文章,聚焦"中国经济新常态"。"新常态"一词成为关于中国经济社会发展新增长阶段特征的基本概念。

概括来说,"新常态"之"新",意味着不同于以往;"新常态"之"常"意味着相对稳定。新常态意味着中国经济已进入与过去长期高速增长期不完全相同的新阶段,实质上就是指经济发展告别了过去传统粗放的高增长阶段,进入了高效率、低成本、可持续的中高速增长阶段,这是一个全面、持久、有着深刻变化的过程,更是一个优化、调整、转型、升级并行的过程。

经济新常态特征可从四个层面加以描述:

(1)从速度层面看:由于潜在增长率下降、资源环境压力加大,中国经济既"做不到"、也"受不了"过去那种长期粗放型高速增长,必然会进入减速换

---

① 新常态(New Normal)是指"反常的现实正在逐步变为常态"。根据现有文献分析,"新常态"一词最早出现于 2002 年 12 月的世界银行报告。该报告指出,世界经济正在进入"新常态",并描述了"新常态"的两个特征性事实:(1)无就业增长的经济复苏;(2)恐怖主义距离日常生活更近(当时正值"9·11"恐怖袭击之后)。2010 年第 10 届瑞士达沃斯世界经济论坛年会上,美国太平洋基金管理公司(PIMCO)总裁埃里安(Mohamed El-Erian)重新定义"新常态"一词,以反映美国 2007—2008 年金融危机之后全球经济陷入低增长状态的情况,他认为,"2008 年的金融危机不是简单的皮外伤,而是伤筋动骨。(危机之后)新常态是经历多年非同寻常时期之后的一个必然结果"。根据埃里安的描述,"新常态"可归纳总结为以下六个方面的特征性趋势:(1)2008 年金融危机之后世界经济进入持续低增长状态;(2)超高杠杆比率、过度负债、高风险信贷扩张等,导致经济复苏困难,需要花费多年时间才能完全复苏;(3)政策忧虑,主要指政策不能实现协调,因为在低增长状态下,政府难以完全做到刺激经济增长与优化结构协调;(4)新常态导致就业问题变得更加艰巨;(5)系统性金融风险依然存在;(6)经济结构性问题更加复杂。

虽然对"新常态"也不乏反对者,但埃里安的理论最终被美国政府认可。2012 年 12 月 21 日,埃里安被奥巴马总统任命为全球发展顾问委员会主席。美国劳动统计局 2013 年 12 月发布题为《2022 年的美国经济:通向新常态》的预测报告。1999—2002 年美国经济年平均增长率为 3.4%,2002—2012 只有 1.6%,该报告预测认为,2012—2022 年美国经济年平均增长率会恢复到 2.6%。

挡时期,即从过去 10％左右的高增长率减速到 7％左右的中高速增长率①。

（2）从结构层面看:第三产业逐步成为产业主体;消费需求逐步成为需求主体;城乡区域差距持续缩小;居民收入占比持续上升②。

（3）从动力层面看,经济增长不断从要素驱动、投资驱动向创新驱动转型③。

（4）从风险层面看,一些经济增长中的不确定性风险持续显性化。楼市风险、地方政府债务风险、新兴金融风险等潜在风险将逐渐浮现,这些风险因素相互关联,形成复杂多风险叠加局面,反过来对经济转型升级造成不利影响。

3.“一带一路”等多战略叠加促进中国经济转型升级

2013 年 9 月和 10 月,中国国家主席习近平提出“建设新丝绸之路经济带”和“21 世纪海上丝绸之路”的“一带一路”倡议构想。2013 年 11 月,党的

---

① 从世界经济层面看,当一个国家或地区经历了一段时期的高速增长后,通常都会出现减速换挡现象:以日本、韩国和中国台湾地区为例,1950—1972 年日本经济年平均增长率达到 9.7％,之后 1973—1990 年期间回落到 4.2％,1991—2012 年更是降低至 0.86％。1961—1996 年期间,韩国经济年平均增长率 8.2％,1997—2012 年期间减低至 4.07％;1952—1994 年期间中国台湾地区经济年均增长率 8.7％,但 1995—2013 年期间下降至 4.1％。经济增长从高速向中高速、中低速换挡是一个必然趋势。新兴工业化国家和大多数发展中国家的经济增长换挡,是从 8％左右的高增长率直接切换到 4％左右的低增长率,但中国经济增长换挡不会出现直线式下滑,有望维持在 7％左右的中高速区间运行。这是因为,中国是一个发展不平衡大国,即使在增长下行的情况下,各个经济单元也能够持续发力。例如,当服务业在东部地区崛起成为新增长产业时,退出的制造业并没有消失,而是有序有效转移到了中西部地区,成为广大中西部地区新经济增长点。

② 在美国等工业化国家,第三产业(服务业)占 GDP 比重平均达 80％左右。2013 年中国第三产业(服务业)增加值占 GDP 比重达 46.1％,首次超过第二产业,2014 年这一比重攀升至 46.8％。分析表明:经济增速拐点与服务业比重拐点显示出逻辑一致性。改革开放以来,中国经济年均增长率 9.8％,国家财政收入年均增长率 14.6％,而城镇居民人均可支配收入和农村居民人均纯收入年均增长率分别仅为 7.4％、7.5％。但 2012 年上述两项人均收入指标已分别达到 7.9％、8.4％,表明上述增长率倒挂局面已发生改变。可以认为:新常态下我国第三产业(服务业)比重上升将是长期性趋势,城市化进程加快(城乡一体化协调发展)将是长期性趋势,居民收入持续增长将是长期性趋势。

③ 1998—2008 年期间,全国规模以上工业企业利润总额年均增速达到 35.6％,2009—2012 年期间下降为 21.4％,2013 年为 8.9％,2014 年更下降到 6.8％水平,表明投资对经济增长贡献率持续减弱。与此同时,我国经济增长的创新驱动特征明显增强。1990—2000 年期间,我国高新技术产业增加值占 GDP 比重为 21.8％,2001—2013 年期间这一比重上升到 42.5％。

十八届三中全会通过的《中共中央关于全面深化改革若干重大问题的决定》,正式推进丝绸之路经济带、海上丝绸之路建设,形成全方位开放新格局。作为统筹全面对外开放、构建新型开放经济体系的国家战略(以下简称"一带一路"倡议),引起了国内外媒体、学者和政府层面的高度关注。2015年3月28日中国政府正式发布了《推动共建丝绸之路经济带和21世纪海上丝绸之路的愿景与行动》,强调加快投资便利化进程,消除投资壁垒;扩展相互投资领域,积极推进包括亚投行、丝路基金等在内的战略行动规划。2015年4月3日,国务院提出《关于推进国际产能和装备制造合作的指导意见》,提出了提升能力水平、加强政府引导推动、加大政策支持力度、强化服务保障和风险防控等具体措施机制。"一带一路"成为我国全面推进国际产能合作的重点核心区域。

从空间上说,"一带一路"倡议横跨亚非欧三大洲,覆盖面积近8000万平方公里,基础设施互联互通8.1万公里,覆盖总人口44亿(占全球总人口63%)。从经济上说,"一带一路"倡议沿线国家或地区经济规模21万亿美元(占全球总量29%),货物和服务贸易占全球总量24%。从双边经济上说,中国与"一带一路"倡议沿线国家或地区有着良好经济互补性和经济合作基础。2014年中国与沿线国家地区双边贸易达到9440亿美元(占全国总量26%),其中出口57700亿美元(占全国总量28%),进口3670亿美元(占全国总量24%),实现非金融类直接投资102.4亿美元(占全国总量9.9%),共有70多个在建合作区项目,建区企业基础设施投资超过80亿美元,带动入区企业投资近100亿美元,预计年产值超过200亿美元。

可见,"一带一路"倡议涉及了人口众多、面积广阔的"内陆—海洋"经济区域。虽然沿线国家存在国情制度差异,但大都属发展中国家或新兴经济增长国家。可以说,"一带一路"倡议区域是目前世界经济格局下具有极大增长潜力的重要区域,也成为我国新常态增长阶段国际贸易和对外直接投资的重要新增长区域。

习近平主席提出"一带一路"建设可以从政策沟通、道路联通、贸易畅通、货币流通、民心相通先做起来,以点带面,从线到片,逐步形成区域大合作。我国对与"一带一路"沿线国家的直接投资—贸易寄予厚望,与欧盟相关国家、中亚、东盟、印度等国提出了一系列战略性投资—贸易增长机制、未来目标和行动计划,并积极扫除投资—贸易发展壁垒。"一带一路"倡议正成为我国新常态增长阶段建设新型全方位开放经济体系的重要战略构想。

　　除了上述引人注目的"一带一路"倡议外,中国在构建新型开放经济体系的进程中,充分利用国际国内两个市场、两种资源,将开放经济建设与区域协调发展有机结合起来,制定实施了一系列旨在加快经济转型升级的宏大战略,包括"自由贸易区战略""上海合作战略""金砖合作战略""亚太经济合作与区域一体化战略""长江流域经济带战略""京津冀协同发展战略"等。这些战略叠加融合,不断衍生出新增长域(四新经济:新经济、新优势、新业态、新模式)和新增长点,同时也为中国大宗商品经济转型和参与全球直接投资开辟了更加广阔的空间。

　　4.经济全球化促进中国大宗商品全球影响力持续提升

　　经济全球化是当今世界发展的根本趋势,已远远超出经济范畴,正在对政治、社会和文化等诸多领域产生日益广泛的影响。21世纪的第一个十年是中国制造的十年,第二个十年是大宗商品的十年,大宗商品是继中国制造后中国影响世界的又一个重大领域。随着全球化进程的不断推进,中国在全球大宗商品领域的影响也日益显著。中国应抓住这一大好契机,努力在该领域谋求定价话语权,同时也只有拥有了大宗商品定价权,才能充分利用国内巨大的市场容纳及消费能力,更好地调配国内、国外两个市场的资源,为全球化增添新的动力。

　　全球化、中国制造与大宗商品三者之间并不是互相独立的,而是相辅相成、互相促进的关系。全球化为中国融入世界市场提供了条件与环境,为中国制造参与国际产业链分工并成为世界工厂提供了可能;为了满足迅速发展的制造业对各种原材料的需求,中国对大宗商品原材料的进口及消费不断增加,为其在大宗商品领域发挥重要作用奠定了基础;最后,中国为全球大宗商品消费、生产提供了巨大的市场,反过来又促进了大宗商品贸易及全球化的发展进程①。

---

　　①　例如在能源化工领域,中国消费了全球40%的煤、10%的原油以及48%的PTA;在矿产金属领域,中国消费了全球50%的铁矿石、24%的精炼铜、24%的精炼镍以及40%的原铝;在大宗农产品领域,中国消费了全球22%的大豆、20%的玉米以及47%的棉花。与此同时,中国对多种大宗商品需求和消费的增加,反过来进一步支撑并促进了中国制造业的发展乃至经济全球化进程。例如,中国钢铁产量占世界钢铁市场的50%,2012年出口钢铁2464万吨,位居世界第二;中国铜产量占世界总产量的20%,需求占全球需求的25%,2012年出口铜材52.8万吨,为全球第二大铜生产国;2012年我国塑料总产量达到4479万吨,出口2231万吨,消费量占全球消费量的25%,为全球最大的PTA及塑料的生产国和消费国。可以说,中国成为全球大宗商品的消费及生产中心,是推进全球化的新动力之一。

　　中国在大宗商品领域的影响力通过全球化的力量对世界经济产生了巨大的影响。每当一种大宗商品出现"中国时刻",即中国对该种产品由出口国变为净进口国时,全球大宗商品的市场价格版图都会经历一番重大转变,如我国是全球第一大铁矿石进口国及消费国,也是全球最大的钢铁生产国及出口国,这使得全球铁矿石市场及价格中心由 20 世纪六七十年代的欧美转移到以中国为中心的亚洲;中国在大豆及玉米领域由出口国转变为净进口国之后同样带动了相关产品价格的持续上涨①……中国因素在大宗商品领域的影响力可见一斑。因此,中国要想在全球化进程中发挥更大的作用,积极推动全球化的发展,就必须掌握大宗商品的定价权,而且中国在 2008 年金融危机中的卓越表现及对国际大宗商品市场的提振作用得到了国际广泛认可,这也正是我们谋求大宗商品定价权的最佳契机。可以说,谁掌握了大宗商品的定价权,谁就掌握了该领域产业链的利润分配。未来中国企业谋求大宗商品定价权将是一个重大的命题。从长远来看,未来十年是大宗商品唱主角的十年,并且随着全球化的深入,全球大宗商品将进入运营时代,笔者相信会出现一大批各个领域不同的运营商。这些运营商站在全球化的高度并且具备全球化的思维,具备在某个商品上主动地在全球范围内调配、配置资源的能力,并且能对价格形成机制产生关键的影响。而贸易商和运营商最大的区别是,前者是站在中国的立场看世界,只关注买和卖,只关注差价,就是普通的进出口商,是被动的市场参与者,是比全球化水平低一级的企业;而运营商则是站在全球的立场看世界,关注不同区域资源配置的不均衡性,是在不同市场的落差之间创造商业价值的企业,是主动的市场参与者,也是全球化背景下高端的商业组织。

　　5.宁波具有建设成为国际大宗商品经济中心的区位优势

　　宁波地处我国东部沿海经济发达地区,位于"一带一路"和长江经济带两大国家战略交汇区域,是我国东南沿海重要港口城市、长三角南翼经济中

---

　　① 　然而,伴随"中国时刻"到来的并不全是中国在大宗商品领域话语权的增强,还有"中国一买就涨价,中国一卖就降价"的怪圈,部分中国需要的战略大宗商品的定价权已被国外各个行业的巨头所垄断,最典型的案例就是铁矿石、石油、煤炭及大豆。以铁矿石为例,中国在 2000 年成为铁矿石净进口国,并于 2003 年迅速超过日本成为世界第一大铁矿石进口国。我国消费了全球一半的铁矿石,但铁矿石的供给及定价权却完全掌控在必和必拓、力拓以及淡水河谷手中。中国丧失了铁矿石的价格话语权,使钢企承担了更大的市场风险,仅因价格波动每年中国钢铁行业的损失就超过 600 亿美元。

心和古代海上丝绸之路始发港之一、亚太地区重要国际开放门户。改革开放 40 年来,宁波利用得天独厚的区位优势、开放经济政策优势、国际航运贸易优势及海洋文化人文历史优势,实现了人均生产总值年均 11％的高增长。

宁波拥有天然港口,货物吞吐量位居世界前列。作为国内四大深水良港之一,宁波成为建设浙江海洋经济示范区的核心城市和国家"一带一路"倡议重要节点城市。宁波—舟山港是世界级大港,对内是江海联运枢纽,对外是远东国际航线要冲,具备建设大宗商品国际贸易和物流中心的天然优势①。依托深水良港和优越的区位条件,宁波成为我国主要的石油、液体化工、矿石等大宗商品的国际中转储运基地,也是华东地区主要的煤炭、粮食、木材等商品的中转和储运基地。2012 年,仅铁矿石、煤炭、石油三种产品的吞吐量就占整个港口吞吐量的近 40％,在全国、全球皆具有重要地位。

借力"一带一路"等,助推宁波大宗商品贸易,是宁波"港口经济圈"建设和"国际大宗商品贸易中心"建设的关键性基础。目前,在"一带一路"等多战略叠加下,大宗商品成为宁波新经济增长点,大宗商品贸易、港航物流服务体系建设、国际产能合作等将对宁波新一轮经济增长做出越来越大的贡献。

"一带一路"等多战略叠加融合为宁波发展创造了前所未有的机遇和平台,也为宁波全面参与新型开放经济、全球直接投资、全球大宗商品贸易开辟了多元化路径。

二、研究目的意义

在经济新常态下,我国大宗商品行业发展出现了新情况、新趋势、新问题,新情况、新趋势,包括法治化建设与监管创新、市场结构转型、全产业链协同、跨界融合、供应链金融及其治理等。新问题在于市场主体也出现了诸多投机行为,产生了大量机会主义、道德风险和逆向选择问题——恶意投机、信用诈骗、非法集资、违规操纵等给大宗商品行业带来了前所未有的困局。这些新情况、新问题、新趋势具有复杂性、系统性、相互联系的特征,对

---

①　大宗商品交易中心的形成是有规律可循的。消费地、生产地、贸易中转地,生产商、贸易商、物流集聚是市场形成的必要基础条件。国际大宗商品交易中心是全球大宗商品贸易往来的枢纽节点,代表了国家或地区参与全球贸易竞争的程度与层次。国际上知名的港口城市,往往是重要大宗商品的国际市场交易中心。欧洲的鹿特丹倚仗其国际港口贸易地的优势,成为世界最重要的石油化工产品中心之一。作为亚洲转运中心的新加坡,凭借其国际贸易中转地的地利优势,成了石油、橡胶等大宗商品交易中心。

我国大宗商品行业发展产生了深刻、全面和长远的影响,同时对开展大宗商品理论研究也提出了迫切需求。

宁波大宗商品贸易经济基础扎实,拥有良好的大宗贸易机制平台。近年来,宁波与世界 100 多个国家和地区的经贸合作不断扩大,互联互通水平不断提升,人文交流日益频繁,在石油、钢铁、煤炭、有色金属、石化、木材等大宗商品领域的贸易基础不断增强。

宁波大宗商品市场建设有利于促进国内、国际经济转型升级。首先,发展大宗商品贸易有利于拓展更多国际市场赢得国际商机。其次,发展大宗商品贸易可以带动装备制造业走出去,不断提升国际产能合作能力和水平。再者,发展大宗商品贸易可以加快促进传统产业国际转移。宁波作为长三角南翼的经济中心,制造业发达,依托全球吞吐量最大的港口宁波—舟山港,近年来逐步发展成为我国重要的大宗商品贸易和物流中心。根据国务院于 2011 年 2 月正式批复的《浙江海洋经济发展示范区规划》,宁波将通过构建大宗商品交易平台、海陆联动集疏运网络、金融和信息支撑系统的三位一体港航物流服务体系,建设成为我国大宗商品国际贸易和物流中心。在此背景下,通过借鉴国内外大宗商品市场建设的基本经验,对建设宁波大宗商品交易市场过程中可能面临的具体问题进行研究,具有较强的现实意义。

第一章 大宗商品概述

第一节 全球大宗商品产业发展分析

(一)全球大宗商品产业市场规模分析

1. 全球经济双速复苏,以中国为代表的经济体发展趋势明朗

近几年,以中国为代表的新兴与发展中经济体维持高速发展,先进经济体维持相对较低速度发展,全球经济保持双速复苏状态(见图1-1、图1-2)。

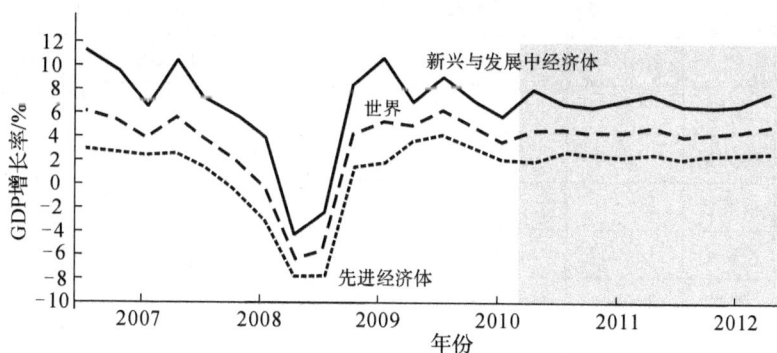

图 1-1 全球 GDP 季度同比增长情况

资料来源:World Economic Outlook,Jan 2011 IMF ,国家统计局。

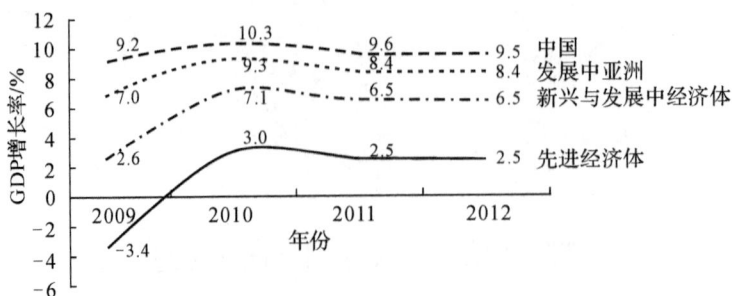

图 1-2　主要经济体 GDP 增长情况

资料来源：World Economic Outlook,Jan 2011 IMF ,国家统计局

2. 以中、日、韩三国为中心的亚洲成为全球大宗商品消费主要区域

以中国、日本、韩国为中心的亚洲是世界制造业的中心,也是大宗商品消费的主要区域,这三个国家的制造业的未来发展状况将在很大程度上决定大宗商品的消费增长。以宁波为中心 926 千米的区域内,消费了全球近65％的大宗商品。

3. 在全球经济快速发展的推动下,大宗商品产量、消费量逐年增长

以煤炭为例,2012 年产量约为 34 亿吨,2014 年的产量约为 40 亿吨,年均增速达 8％。2012 年消费量约为 67 亿吨,2014 年的消费量约为 69.5 亿吨,年均增速为 1.8％(如表 1-1 所示)。

表 1-1　全球主要大宗商品的产量和消费量情况

种类	品种	产量/万吨			消费量/万吨		
		2012 年	2013 年	2014 年	2012 年	2013 年	2014 年
金属矿石	原铝	3792	4042	4320	3548	3722	4170
	精炼铜	1865	1925	1929	1825	1923	1973
	精炼镍	126	143	160	124	152	154
	铁矿石	164000	185000	208000	142300	166700	195300
能源化工	煤炭	340900	373100	395486	667400	683817	694074
	PTA	4013	4718	4770	3727	4008	4180
	原油	350926	405400	411000	420582	430392	433800
农产品	大豆	25950	26210	26550	23730	25277	26970
	玉米	79406	81890	87610	79962	95246	86080

原油、煤炭是全球消费量和消费金额最高的两类大宗商品。2014年,两类商品消费总额占全球总消费额的78%,其次是玉米、铁矿石和精炼铜(如表1-2所示)。

表1-2　2014年全球大宗商品消费量和消费金额

种类	品种	消费量/万吨	总金额/亿元	以镍为基准的当量
金属矿石	原铝	3722	6500	2
	精炼铜	1923	14000	5
	精炼镍	152	3000	1
	铁矿石	166700	14000	5
能源化工	煤炭	683817	68000	23
	PTA	4008	3800	1
	原油	430392	220000	75
农产品	大豆	25277	12000	4
	玉米	95246	22000	7
	棉花	2565	5617	2
总计		1413802	368917	125

此外,大宗商品还具有不同于其他产业的多种独特属性。特点一是资本密集、金融属性强,大宗商品产业的发展融合集聚了大量的金融资本与产业资本。特点二是价格实时波动,大宗商品的价格每时每刻都可能发生变化,且波动大、影响价格的因素众多。特点三是稀缺性与不可再生性,目前大宗商品已成为各国竞争的焦点。

(二)全球大宗商品产业区域竞争格局分析

1.从区域上说,一些资源禀赋较高的国家掌握着全球资源命脉

沙特、俄罗斯、澳大利亚、智利、南非、巴西等国家和地区是全球大宗商品的主要输出地。其中沙特的石油占全球储量的22.1%,俄罗斯的镍占25%、天然气占33%,澳大利亚的铝占24%、铁矿石占11.3%,智利的铜占38%,南非的金占40%,巴西的铁矿石占13.1%。

2.在全球化背景下,先后出现了一些全球性的大宗商品定价和运营中心

(1)伦敦金属交易所

做市商制度使伦敦成为全球金属定价中心的核心。19世纪中叶,英国成为世界的制造中心和世界最大的大宗商品消费中心。1877年,伦敦金属交易所成立,大宗商品全球价格中心从荷兰转移到了英国。

当前,伦敦金属交易所已经成为全球金属定价中心,并拥有全球最大的有色金属库存。铜、铝、铅、锌、镍、锡、铝合金是其主要的交易品种。交易所年交易额在12万亿美元以上,产生了2.5亿英镑以上的海外佣金收入。其中,三分之一交易来自于现货仓单交易。伦敦金属交易所最大的制度创新是实行做市商制度。该制度从根本上解决了市场的流动性和有效性的问题,也是伦敦始终牢牢把握价格话语权的关键。做市商制度有两大特点,一是没有涨跌停板限制,给予做市商极大的自主权,可以根据自身对客户的了解来决定对客户的保证金和信用额度的规定。二是做市商制度可以进行非标准化的交易。以2014年7月22日的数据为例,当天交易所金属库存达619万吨,总金额高达1410亿元(如表1-3所示)。

表1-3 伦敦金属交易所金属库存和总金额

品种	库存/万吨	总金额/亿元
铜	47	300
铝	440	710
铅	31	60
锌	89	140
锡	2	40
镍	10	160
总计	619	1410

(2)芝加哥交易所

芝加哥依靠大宗农产品产业实现"锈带复兴"。二战后,特别是20世纪70年代后,制造业向美国南部和国外迁移成为大趋势,芝加哥的工业开始衰退,经济萧条,遗弃的工厂设备锈迹斑斑,该阶段的芝加哥与中西部的底特律、匹兹堡等城市被称为"锈带"。

芝加哥的崛起源自于交易所的建立,也是芝加哥成为全球农产品金融

中心的基础。21 世纪初,芝加哥大宗商品期货市场发展迅速,利率、外汇等金融衍生产品大量增加,年交易额超过 4.2 万亿美元,成功拉动了围绕金融的其他各种现代服务行业的发展,包括财务、法律服务等,使芝加哥成为国际金融中心之一。

随着芝加哥成功转型为以金融服务业为主、以制造为辅的现代服务城市,其与匹兹堡等城市一起实现了"锈带复兴"。波音、麦当劳、摩托罗拉等跨国公司总部迁移至此,解决了城市 179 万人的就业。同时,城市基础设施的完善,也提高了城市品牌的号召力。

(3)新加坡交易中心

在税收等优惠政策的推动下,新加坡大宗商品企业的亚洲总部地位得到强化。20 世纪 50 年代末至 60 年代末,新加坡发展以单一转口贸易为主的传统服务经济。20 世纪 60 年代末至 80 年代中期,发展出口导向的工业化经济,重点发展造船、炼油等出口制造业。自成为"亚洲四小龙"之一后,新加坡更是迅速崛起,在该阶段优先发展物流、金融、商贸、交通通信行业。为推动大宗商品的发展,新加坡颁布了众多税收优惠政策。

一是对特许石油贸易商的优惠政策。贸易商的合法经营所得(包括原油及其提炼产品的实物贸易,实物交易的中介计划以及特许的商品交易,包括橡胶、木材、食用油、咖啡、可可和石油期货交易),可享受 10% 的优惠税率。

二是对特许国际船务企业的优惠政策。国际船务企业公司来自新加坡以外的船运所得被特许享受税收豁免。

三是对金融和财务中心的奖励。设立在新加坡的金融和财务中心的外汇交易所得收入、岸外投资所得,以及对相关公司提供金融服务所得,可按 10% 的优惠税率缴税。在此奖励计划下的项目利润可在 5~10 年内享受一定的税收减免。

在税收等优惠政策的推动下,大宗商品巨头的亚洲总部陆续迁至新加坡。包括在"力拓案"之后,部分力拓和淡水河谷的员工由上海迁至新加坡,淡水河谷亚洲地区总部也由上海迁至新加坡等。

(4)鹿特丹港

鹿特丹港依靠大宗商品中转贸易成功成为世界强港并加速了当地城市发展。16—17 世纪航海贸易飞速发展,资本主义也迅速兴起,荷兰成为当时的海上殖民强国,被称为"海上马车夫"。二战以后,欧洲经济濒于崩溃,粮食和燃料等物资极度匮乏,美国通过了马歇尔计划,对西欧各国进行经济援助,协助其重建,而这些经济物资援助的运输都在鹿特丹港中转。大宗商品的储、运、销促进了港口相关行业地快速发展,使鹿特丹成为世界最重要的石油化工、食品加工基地。

港口是鹿特丹市的主体,直接与间接雇员超过 60 万人,对社会就业贡献率超过 20%。2010 年港口及相关辅助产业总产值占全国 GDP 的 16%,占当地 GDP 的 40%以上。

以大宗商品为主的港口工业对原材料的需求直接带动了腹地经济的发展,加速了城市化进程。同时结合创办保税仓库和自由港,鹿特丹建立了以港口为主体的出口加工区,进一步提高了产品附加值,这是鹿特丹发展现代服务业,提升城市综合功能的最重要依托。

(三)全球大宗商品产业企业竞争格局分析

1. 全球三大综合类矿业公司控制着大量的大宗商品资源

(1)必和必拓

必和必拓公司是全球最大的综合类矿业公司(以 2010 年市值计算),2010 年营业收入 482 亿美元,在 25 个国家拥有广泛的采矿业务,范围包括铁矿石、钻石、煤炭、石油、铜和铀等等。必和必拓是著名的石油天然气勘探和生产商,其主要生产基地位于澳大利亚、英国、墨西哥湾(美国)、阿尔及利亚和巴基斯坦。必和必拓是世界氧化铝和金属铝的主要供应商,主要资产位于澳大利亚、巴西、莫桑比克、南非和苏里南,同时,必和必拓是世界前三大铜生产商和世界前五大银、铅、锌生产商之一,是世界第一大炼焦煤和锰矿海运供应商、世界第三大铁矿石供应商。在全球,必和必拓拥有多种优质矿产和能源资源,是全球重要的大宗商品供应商,对大宗商品价格走势具有重要影响(见表 1-4)。

表 1-4 2013—2014 年必和必拓大宗商品产量

产品	单位	2013 年	2014 年	同比
氧化铝	万吨	384.1	401.0	4.40%
铝	万吨	124.1	124.6	0.40%
阴极铜	万吨	52.9	65.1	23.06%
铜精矿	万吨	54.7	48.8	−10.79%
钻石	千克拉	3050	2506	−17.84%
动力煤	万吨	6613.1	6950.0	5.09%

续表

产品	单位	2013 年	2014 年	同比
金	盎司	141919	196091	38.17％
铁矿石	万吨	12496.2	13440.6	7.56％
铅	吨	248486	244554	−1.58％
锰合金	万吨	58.3	75.3	29.16％
锰矿石	万吨	612.4	709.3	15.82％
炼焦煤	万吨	3738.1	3267.8	−12.58％
镍	万吨	17.6	15.3	−13.07％
石油产品	百万桶原油当量	159	159	0.00％
银	千盎司	45362	42656	−5.97％
氧化铀精矿	吨	2279	4045	77.49％
锌	吨	198279	152127	−23.28％

资料来源：必和必拓官方网站。

（2）淡水河谷

淡水河谷是全球第二大综合类矿业公司（以 2010 年市值计算），2010 年取得 525 亿美元的营业收入，是世界第一大铁矿石生产和出口商，也是美洲大陆最大的采矿业公司。其业务遍布全球，在委内瑞拉开采煤、铝矾土、铜、铁和钻石；在秘鲁开采铝和铜；在智利开采铝和铜；在阿根廷开采钾、铝和铜；在加蓬开采锰；在莫桑比克开采煤、铝和铜；在安哥拉开采钻石、铝、铜、钾和铁；在巴西开采铝、铜、镍、白金族矿；锰、钻石、高岭土和铝矾土；在蒙古开采铝、铜和煤；在中国开采煤、铜、铝和铝矾土（见表 1-5）。

表 1-5　2013—2014 年淡水河谷大宗商品产量

产品	单位	2013 年	2014 年	同比
铁矿石	万吨	29699.5	22933.8	−22.78％
锰矿石	万吨	184.1	165.7	−9.99％
铁合金	万吨	45.1	22.3	−50.55％
镍	万吨	17.9	18.7	4.47％
铜	万吨	20.7	19.8	−4.35％

续表

产品	单位	2013 年	2014 年	同比
铝土矿	万吨	752.4	602.3	−19.95%
氧化铝	万吨	580.5	591.0	1.81%
铝	万吨	44.7	45.9	2.68%
冶金煤	万吨	305.7	252.7	−17.34%
动力煤	万吨	383.2	289.2	−24.53%
钾	万吨	66.2	71.7	8.31%
高岭石	万吨	—	78.1	—
钴	吨	1066	1575	47.75%
铂	千盎司	35	103	194.29%
钯	千盎司	60	152	153.33%
金	千盎司	42	50	19.05%
银	千盎司	1492	1245	−16.55%

资料来源:淡水河谷官方网站。

(3)力拓

力拓集团是全球第三大综合类矿业公司(按 2010 年市值计算),2014 年取得 603 亿美元的营业收入,超过必和必拓和淡水河谷。从 1962 年至今,力拓合并了数家具有全球影响力的矿业公司,成了在勘探、开采和加工矿产资源方面的佼佼者。

力拓矿业集团不仅是全球最大的资源开采和矿产品供应商之一,而且也是世界三大铁矿石供应商之一。不仅向全球提供铁矿石,还提供铝、铜、钻石、能源产品、黄金、工业矿物等产品。中国是力拓集团目前业务增长最迅速的市场,力拓集团主要向中国出口铁矿石、铜、氧化铝、镍、金、硼酸盐、氧化钛原料等。

力拓加铝是全球领先的铝业公司,在全世界五大洲都拥有资产,主要集中在加拿大、澳大利亚、法国和英国。力拓铜集团在智利、印度尼西亚、澳大利亚和南非都拥有铜矿,是全球五大铜产商之一。同时,力拓是全球最大的钻石生产商,在加拿大、澳大利亚、津巴布韦和印度都拥有矿山。力拓是亚洲海运市场动力煤和炼焦煤的主要供应商,其煤炭资源主要位于澳大利亚和美国。力拓铁矿石集团拥有澳洲的哈莫斯利铁矿、罗布河铁矿、几内亚西芒杜项目、印度奥利萨铁矿等(见表1-6)。

表1-6 2013—2014 年力拓集团大宗商品产量

产品	单位	2013 年	2014 年	同比
氧化铝	万吨	881.5	908.9	3.11%
铝	万吨	380.8	379.0	−0.47%
铜矿	万吨	80.5	67.8	−15.78%
精铜	万吨	41.2	39.3	−4.61%
金矿	千盎司	111.1	77.2	−30.51%
钻石矿	千克拉	14026	13843	−1.30%
钛矿	万吨	114.7	139.2	21.36%
煤矿	百万吨	140.1	72.8	−48.04%
铀(U3O8)	千磅	14140	11377	−19.54%
铁矿石	百万吨	171.5	184.6	7.64%

资料来源:力拓集团官方网站。

2.世界大宗商品交易巨头掌控大宗商品贸易

(1)嘉能可

作为大宗商品交易的巨头,嘉能可 2010 年销售额达到 1449 亿美元,净利润为 37.99 亿美元,不仅生产大宗商品,还为客户和生产者提供装运、物流、运输、仓储、融资、营销和风险管理等一系列服务。其金属矿产资产、能源类资产和农产品资产分布全球,并在全球重要城市设立了办公地点及代理机构。

据初步计算,目前嘉能可是全球最大的煤炭中间商,同时控制第三方新市场近 60% 的份额,新金矿和铜市场一半的份额,铅市场近 45% 的份额,铝市场近 38% 的份额。嘉能可的客户不仅包括英国石油公司、法国石油公司道达尔、艾克森美孚、康菲石油国际、巴西淡水河谷、力拓、安赛乐米塔尔、索尼等全球大型企业,还有伊朗、墨西哥和巴西的国家石油公司,以及西班牙、法国、中国和日本等地区的公用事业企业(见表1-7)。

表 1-7　2013—2014 年嘉能可部分大宗商品交易量

产品	单位	2013 年	2014 年	同比
金属锌及锌精矿	百万吨	2.0	1.8	−10.00%
金属铜及铜精矿	百万吨	1.8	1.5	−16.67%
金属铅及铅精矿	百万吨	0.4	0.4	0.00%
金	千盎司	245	414	68.98%
银	千盎司	4457	4921	10.41%
铝/氧化铝	百万吨	5.6	6.5	16.07%
铁合金(包括代理)	百万吨	1.4	1.2	−14.29%
镍	万吨	11.81	9.78	−17.19%
钴	万吨	0.91	1.23	35.16%
铁矿石	百万吨	4.1	2.9	−29.27%

资料来源:嘉能可官方网站。

(2)维多

维多(Vitol)作为大宗商品领域的交易巨头,1966 年成立于荷兰鹿特丹,它是全球最大的原油交易商之一,在鹿特丹和日内瓦设有总部,2014 年的销售收入近 1950 亿美元。它主要在日内瓦、休斯敦、新加坡和伦敦经营石油贸易,同时,它的煤炭、天然气、能源、二氧化碳排放和生物能源市场正在快速成长(见表 1-8)。

表 1-8　2014 年维多部分大宗商品交易量

产品	单位	2014 年
原油	百万吨	134
原油及其产品	百万吨	394
天然气	十亿立方米	20
糖	百万吨	2.5
银	千盎司	4921

资料来源:维多官方网站。

(3)托克

托克(Trafigura)于 1993 年成立于阿姆斯特丹,主要经营基础金属和能源,包括石油。它在欧洲、北美、中美、南美、中东和远东的 44 个国家设有办事机构,是继维托和嘉能可之后的全球第三大原油和金属交易商。在 2014 年托克营业收入为 792 亿美元,实现净利润 4.4 亿美元。

托克是全球能源市场最大的独立贸易公司之一,每日实物石油交易量超过 250 万桶,在全球独立贸易公司中位居第三。托克的石油贸易量在全球"自由市场"所占的份额估计达 6%。集团在全球四大洲的 40 多个国家均拥有业务,涵盖所有新兴与成熟的主要黑色金属原料和钢铁市场。通过在各个主要市场分部设立的专业团队,托克与新老钢铁生产商和钢铁厂建立了密切关系,托克为钢铁行业提供长期供应黑色金属原料的一站式服务,主要供应铁矿石(块矿、粉矿和热压铁块等)、炼焦煤、喷吹煤、冶金焦炭和铁合金等。

托克的交易领域涵盖整个有色金属产品链,包括精矿和氧化铝原料、金属半成品(如粗铜)等中间产品以及用于下游工业领域的精炼金属。2010 年,托克交易的有色金属和精矿总量达至 1000 万吨,在全球独立贸易公司中位居第二。集团在利马、伦敦、卢塞恩、斯坦福和上海均设有主要办事处,对贸易活动实行全球化管理。

3. 以高盛、J. P. 摩根等为代表的投资银行,在大宗商品定价中发挥重要作用

(1)高盛集团

高盛集团(Goldman Sachs)向全球提供广泛的投资、咨询和金融服务。在大宗商品产业领域,高盛拥有大量的大宗商品相关产业的客户,包括私营公司、金融企业、政府机构以及个人,为客户提供与大宗商品产业相关的金融服务。高盛集团成立于 1869 年,是全世界历史最悠久及规模最大的投资银行之一,总部设在纽约,并在东京、伦敦和香港设有分部,在 23 个国家设有 41 个办事处。

据高盛集团官网数据披露,高盛集团在 2013 年和 2014 年的大宗商品领域的年收入分别为 45.91 亿美元和 15.67 亿美元,其年收入幅度变化较大。

2009 年高盛集团大宗商品的公允价值为 37.07 亿美元,而在 2014 年高盛集团大宗商品的公允价值上升为 131.38 亿美元,同比增加 254%。2009 年高盛集团大宗商品衍生品的公允价值为 472.34 亿美元,而 2014 年大宗商品衍生品公允价值为 366.89 亿美元,同比下降 22%。

（2）摩根大通

摩根大通在全球各地拥有超过 100 个大宗商品仓库，为客户提供金属、能源、农产品等大宗商品交易相关的金融服务，这些大宗商品主要包括铝、铜、锌、镍、铅、锡、铝合金、金、银、铂、钯、铑、铁矿石、钢坯、聚丙烯等等。

摩根大通在全球的大宗商品实物交易业务和金融衍生品业务正在迅速扩展，目前，在全球已经拥有近 3000 名可在全世界范围内交易大宗商品及延伸品的客户。

4. 以世天威、NEMS、世运亚洲（CWT）等为代表的大宗商品仓储物流企业在不断扩大全球业务布局，并将亚洲定位为业务重点发展区域

（1）世天威

世天威是大宗商品领域货物仓储和运输巨头，其主要业务是储存各种货物，大部分仓库经过伦敦金属交易所（LME）、伦敦国际金融期货交易所（LIFFE）、纽约贸易局（ICE/NYBOT）、纽约商品期货交易所（NYMEX/COMEX）和小金属贸易协会（MMTA）核定。世天威的组织结构已从鹿特丹衍生到世界各地。除了金属和软商品外，世天威还增加了化工产品、铁合金、一般货物和项目商品。其服务范围在装卸、仓储、中转服务上增加了货物加工、粉碎、筛选、重新包装、混合等一系列服务。

世天威集团在 20 世纪 50 年代后不断地扩大欧洲分公司的网络，到了80 年代扩展到亚洲和南美，90 年代延伸至北美、中东、非洲、俄罗斯和波罗的海地区。目前，世天威集团已在欧洲建立了 40 个业务基地，在亚洲建立了 25 个业务基地，在中东和非洲建立了 5 个业务基地，在北美建立了 4 个业务基地，在南美建立了 6 个业务基地。

（2）NEMS

NEMS 成立于 1993 年，是 LME 指定的仓储物流公司之一，也是稀有金属贸易协会（MMTA）授权的仓储物流公司之一。公司最早在英国的桑德兰、纽卡斯尔、赫尔设立子公司，随后在荷兰、土耳其、美国、阿联酋、比利时、中国、马来西亚和韩国等国家设有仓储物流中心，业务范围遍布全球，并与托克等世界大型大宗商品贸易商保持紧密业务联系。

（3）世运亚洲

世运亚洲（CWT Commodities Pte Ltd）在全球 23 个国家和地区都有成立分公司，其网络一体化的分布点遍及全球 120 多个港口，1200 多个地区。

(四)全球大宗商品产业发展趋势分析

1.以中国为代表的新经济体国家的大宗商品消费增长明显,将带动全球大宗商品生产、消费的增长

虽然全球经济受到欧洲债务危机的负面影响,但以中国、印度、巴西、俄罗斯为首的新经济体国家的经济增长水平明显高于全球平均水平,这将促进大宗商品生产和消费增长。

以中国为例,在 2010 年 9 月至 2011 年 10 月,中国制造业 PMI 指数均高于 50%,PMI 增速在此期间有所波动,但依然保持增长。世界新兴经济体国家制造业及经济发展将促进大宗商品生产及消费。

2.大宗商品(金属矿石类、能源化工类)具有不可再生的特点,国家与国家之间争夺大宗商品资源的竞争将变得更加激烈

大宗商品对一个国家的生产及运行至关重要,同时,金属矿石类及能源化工类的大宗商品具有不可再生的特点,这让全球许多国家对大宗商品资源的争夺更加激烈,这使得大宗商品与世界经济、政治和军事之间的关系更为紧密。

2003 年的伊拉克战争和 2011 年的利比亚战争,都是欧美国家为争夺石油资源而爆发的战争。2011 年,普京访问中国并签署中俄石油战略合作协议,意在加强两国经济、政治的战略合作。面对日益枯竭的资源,国家与国家之间争夺大宗商品资源的竞争将变得更加激烈。

3.对于全球范围内的生产制造型企业而言,控制大宗商品采购价格的波动风险是决定企业稳健经营的关键

以铜为例,从 2008 年开始到 2011 年 10 月,最低价跌破 3000 美元每吨,最高价超过 10000 美元每吨,振幅超过 200%。

对生产型的企业而言,原材料成本是企业生产成本的主要组成部分,面对目前大宗商品价格的变化,企业必须改变原有的商业模式,提高成本管理的效率,特别是要加强大宗商品采购管理,以有效降低企业生产成本。在未来,更多的企业应谋求在大宗商品采购管理上的变化,在商业模式上不求思变的传统型生产企业将面临更多的成本压力。

第二节　中国大宗商品产业发展分析

(一)中国大宗商品产业市场规模分析

1.制造业崛起使中国成为全球最大的大宗商品消费国,工业化和城市化进程是推动大宗商品消费增长的根本动力

经过数十年发展,中国已成为全球第一大制造国。过去十年,中国制造业崛起,数百种产品产量全球第一。2002年长城战略咨询发布的中国制造研究报告中有160多种产品产量全球第一,2008年长城战略咨询发布的中国制造研究报告中有220多种产品产量全球第一(见图1-3)。中国已经超过美国成为全球第一大制造国。

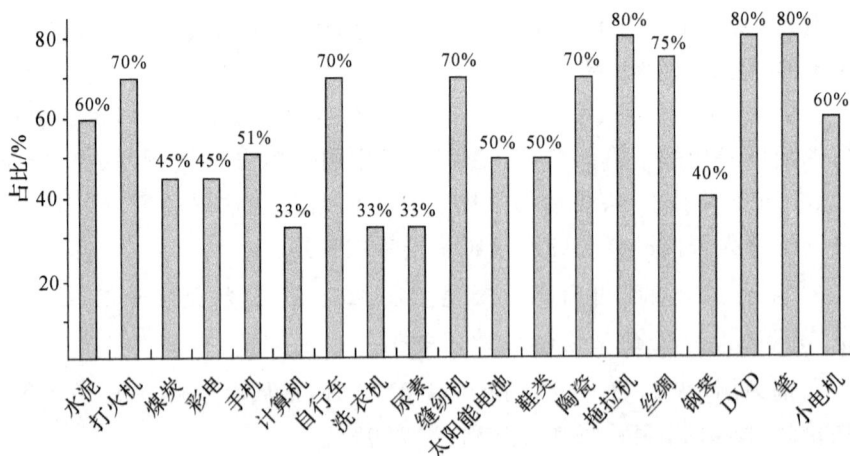

图1-3　2008年中国部分产量居世界首位的工业品种及其占比

2.目前中国大宗商品消费量已居于世界首位,主要品种的消费量连创新高

中国对大宗商品主要品种的需求是刚性的。近年,中国对大宗商品消费量保持稳步增长,各主要品种消费量屡创新高,中国已成为全球第一大大宗商品消费国。中国铁矿石、精对苯二甲酸(PTA)、煤炭、精炼铜、原铝、棉花、精炼镍、大豆和PVC的消费量在全球的排名中已位列首位。以变化较大的铁矿石、精对苯二甲酸(PTA)和原铝为例,中国铁矿石消费量占全球比

重从 1978 年的 4.5% 上升到了 2010 年的 57% 左右,精对苯二甲酸(PTA)从 4.7% 上升到了 53%,原铝从 3.3% 上升到了 41%(见表 1-9)。

表 1-9 1978 年与 2010 年大宗商品主要品种中国消费量对比

大宗商品	1978 年		2010 年		
	总消费量/万吨	占全球比	总消费量/万吨	占全球比	消费在全球排名
铁矿石	5560	4.5%	160000	57%	1
PTA	14	4.7%	2088	53%	1
煤炭	40400	13%	329600	48%	1
精炼铜	58	6.0%	792	41%	1
原铝	38	3.3%	1526	41%	1
棉花	200	14.7%	1032	40%	1
精炼镍	1.2	1.0%	53	35%	1
大豆	680	10.9%	6759	27%	1
PVC	—	—	968	26%	1
玉米	4800	12.9%	16811	18%	2
原油	9205	2.6%	43900	10%	2
糖	227	2.6%	1510	9.5%	2

3. 中国内部需求将主导大宗商品消费量增长

内部和外部需求是拉动中国大宗商品需求的主要力量,而且未来中国大宗商品消费动力将更多地来自于内部需求。

当前,中国正处于工业化发展中期阶段,未来,中国工业化、城市化的推进仍会带动国内大宗商品消费的增长。工业化、城市化的推进会促进人均 GDP 的提高、就业结构的调整、工业内部结构的演化,进而推动大宗商品消费的提升。其中,中国人均 GDP 提高会提升消费者对于汽车等产品的需求;就业结构的调整会进一步推进中国的城市化进程,带动中国新农村建设、基础设施等建设;工业结构的演化将会促进加工装配业的发展,这三方面因素将会共同带动中国对大宗商品的需求。可以预见,内部需求会成为中国大宗商品消费规模提升的主导引擎。

4. 中国大宗商品产量总体呈现增长态势,未来主要品种的供应能力会进一步增强,我国大宗商品主要品种产量总体上持续走高,只有极少数品种存在波动

中国大宗商品消费量在保持增长的同时,也带动了产量的提升。近年来,大宗商品产量持续走高,2010 年至 2014 年,铜产量由 290 万吨增至 479 万吨,锌产量由 316 万吨增至 526.5 万吨,煤炭产量由 23.7 亿吨增至 32.4 亿吨,甲醇产量由 758.5 万吨增至 1574.3 万吨,玉米产量由 1.5 亿吨增至 1.7 亿吨。甲苯、大豆、棉花的产量存在一定幅度的波动,增长态势不明显(见表 1-10)。

表 1-10　2010—2014 年中国大宗商品主要品种产量

大宗商品	产量/万吨				
	2010 年	2011 年	2012 年	2013 年	2014 年
铜	290	344.28	380.06	413.49	479
铝	936	1256	1316.54	1288.61	1619
锌	316.3	371.4	391	439.85	526.5
铅	271	276	326	393.1	431.6
镍	13.74	24.48	20.7	17.27	21.41
铁矿石	58800	70700	82400	87500	106000
原油	18480	18630	19040	18950	20300
煤炭	237300	252600	280200	305000	324000
甲醇	758.5	1076.4	930.89	1133.4	1574.3
甲苯	136	152	192.4	119.05	150
PTA	670	980	935	1190	1431
聚丙烯(PP)	584.3	712.7	733.21	820.5	916.73
聚乙烯(PE)	568	686	689.5	820.02	1032.98
玉米	15160.3	15230	16591.4	16397.4	17250
大豆	1510	1280	1555	1490	1520
棉花	753.3	762.4	749.19	640	663

5. 未来我国大宗商品产量将呈稳定型增长

农产品生产受到种植面积、科学技术、气候变化等因素的综合影响,未

来五年,中国在耕地面积、农村土地集约改革方面难有重大突破,而且,气候变化会更为频繁,一系列因素共振将导致农产品产量很难大幅提升,主要呈现稳定性增长。

6. 中国大宗商品进口量持续上扬,但在定价权上处于弱势地位

中国大宗商品进口量连年增长,但部分品种进口依存度高。中国作为初级产品的消费大国,国内产量无法满足需求,大量品种需要由外部进口。近年来,大宗商品主要品种进口量持续上扬,并且伴随进口量的提升,部分品种的进口依存度也相应提高。2010—2014 年,铜进口量由 82.7 万吨增至 292 万吨,2014 年铜进口依存度达到 39.40%;铁矿石进口量由 3.23 亿吨增至 6.19 亿吨,2014 年进口依存度为 63%;甲醇进口量由 112.7 万吨增至 518.95 万吨,2014 年进口依存度为 24.8%(具体如表 1-11 所示)。

表 1-11　2010—2014 年中国大宗商品主要品种进口量及 2014 年进口依存度

大宗商品	进口量/万吨					2014 年主要品种进口依存度
	2010 年	2011 年	2012 年	2013 年	2014 年	
铜	82.7	149.4	145.6	318.5	292	39.40%
铝	28.9	11.1	12.2	149.6	22.9	1.50%
锌	31.8	14.9	18.3	66.95	32.3	6.80%
铅	3.3	2.5	3.1	15.3	2.1	0.50%
镍	9.7	10.4	11.7	24.3	18.2	84.20%
铁矿石	32600	38300	44400	62800	61900	63.00%
原油	14500	16300	17900	20400	23900	54.40%
煤炭	3811	5102	4034	12500	16600	5.00%
甲醇	112.7	84.5	143.4	528.8	518.95	24.80%
甲苯	56.7	44.5	27.2	79.08	82.94	36.10%
PTA	700	699	594	626	657	31.56%
聚丙烯(PP)	294.48	354.37	292.05	509.09	510.28	34.60%
聚乙烯(PE)	518	489.2	499.05	740.93	735.82	45%
玉米	6.52	3.5	4.92	8.45	157.32	0.90%
大豆	2827.42	3082.14	4110	5035	5480	83.30%
棉花	364	246	211	159.8	283.93	31.90%

7. 大宗商品中国时刻

目前,多个大宗商品品种出现"中国时刻",国际大宗商品生产商、贸易商等借此推高大宗商品价格。随着中国对大宗商品进口量的提升,中国对某种大宗商品由净出口转为净进口,这一时间拐点被称为"中国时刻"。目前,石油、大豆、铜、铁矿石、天然橡胶、镍、黄金、煤炭、棉花等 10 个品种已出现中国时刻(如表 1-12 所示)。

表 1-12　主要大宗商品出现"中国时刻"的时间表

品种	出现"中国时刻"的时间
石油	1993 年
大豆	1996 年
铜	1998 年
铁矿石	2000 年
天然橡胶	2002 年
镍	2003 年
黄金	2008 年
煤炭	2009 年
棉花	2009 年

8. 中国大宗商品主要品种进口规模仍会扩大

受中国经济转型、资源紧缺等因素的影响,未来相关大宗商品进口规模将会继续保持增长,而且涉及的品种也会进一步增多,但国家对定价权的谋求、企业对大宗商品的采购运营管理、中国货币政策的变动、经济增长的放缓、少数几种原材料的本土产量的提升等因素会使某些品种进口量存在上下波动。大宗商品定价的取得是一个长期且系统性的工作,有赖于大宗商品资源的掌握、大宗商品贸易商及其运营商的支撑以及大宗商品基金的营运等。目前,中国虽然已经开始在国外积极争夺矿产资源、在国内大力发展大宗商品交易平台,但是短期内很难掌控大宗商品主要品种的定价权,尤其是进口量较大的品种。不过,对一些优势品种,如稀土,中国正在尝试掌控定价权,以期打开定价权缺口。

9.大宗商品价格波动带来企业盈利的不确定性,促使中国大宗商品加工企业注重原材料采购运营管理

未来,原材料的价格波动是所有制造业企业面临的最大风险,对单个制造企业来说,进行大宗商品原材料价格管理、风险管理是企业提升利润较为有效的途径,也是企业进行品牌与技术创新的前提。因此,可以预见未来的制造业企业将会摒弃现在的理念,开始注重大宗原材料的采购运营管理。

(二)中国大宗商品行业主要问题与风险分析

由于中国大宗商品交易市场环境仍存在较多问题,如政策法规欠缺、市场监管主体不明确、公司治理结构缺乏制衡机制、客户资金无有效的第三方监管、行业自律缺乏、理论研究滞后等,因此其在迅速发展过程中会面临诸多风险,如交易市场主体的法律性风险、交易市场内部运行的风险、价格波动的风险、流动性风险、投机性风险、套期保值性风险、交易履约风险等。其中最突出的问题与风险有以下三点。

1.审批设立混乱,投资建设市场成本较低,投资主体盈利目的性强

大宗商品交易市场审批设立混乱主要表现为多来源、低门槛。以上海为例,设立在上海的 13 家大宗商品交易市场,只有 1 家是经政府批准成立的,其余 12 家都是直接在工商局登记注册的。即使大宗商品交易市场的设立全部交由中央层级的政府机构审批,仍存在"政出多门"的现象,如发改委、银监会、商务部等多部门都拥有审批权。其根源在于大宗商品交易市场定位不清晰导致的主管单位不明确。

在《大宗商品电子交易规范》中规定,建立电子交易市场需要具备一定的基础设施,有提供交易服务、物流配套服务以及信息服务的能力,但并没有规定建立电子交易市场最低的注册资金额。目前,国内大宗商品交易市场建设一般都是按照循序渐进的方式进行,初期投资只占总投资的一部分,发展好了会继续追加投资,两三年之内如果不见起色,投资多半会终止。若以 1 年为投资建设期限,那么,电子交易市场的投资规模依照大小依次为:最低规模,300 万～400 万元;适中规模,600 万～800 万元;较大规模,800 万～1500 万元。由于投资所需资金相对较低,相关主管部门审批较宽松,所以介入电子交易市场的投资主体逐年增多。大宗商品交易市场投资主体为了能尽快收回投资,经常违规操作、纵容投机交易行为、虚报交易量等,致使电子交易市场交易风险大大增加。市场一旦陷入困境,交易商的利益便无法保障。

2.交易模式的"变相期货交易"行为,引致交易风险

由于大宗商品交易市场采用的交易机制与期货交易存在诸多相同之处,如均采用保证金制度、每日无负债结算制度、T＋0 交易制度以及双向交易机制等,致使大宗商品电子交易被很多人称为"变相期货""准期货"。国家曾多次明令严禁电子交易市场的"变相期货交易"行为,但仍存在"上有政策,下有对策"的现象。如 2006 年 1 月"变相期货"第一案——浙江嘉兴茧丝绸事件和 2015 年昆明泛亚有色金属交易所兑付危机事件,均形成巨大资金对垒,造成巨大交割风险。以上两起事件中都存在电子交易经营过程中实行以增加交易量、增加佣金收入为目的的激励办法,存在"无意识或有意识诱导"交易双方的交易行为。在实际交易运行过程中,有的市场甚至几乎忽略现货交易的服务行为,出现经营多年的电子交易市场没有现货交割仓库,发生现货无法交收的情况。无约束、缺乏监管、变相诱导,致使交易风险不断升级和扩大。

3.缺乏政策支持、无视法律约束,导致无效监管

中国大宗商品交易市场的法制建设滞后于电子交易市场的发展速度。截至目前,国家尚未颁布有关大宗商品交易市场的法律法规。中国的大宗商品交易市场基本是按照《大宗商品电子交易规范》(国家质检总局,2003)设立的,它只能作为行业规范(或标准),并不具有法律方面的权威性。由于无法律约束,当交易市场各类纠纷频发时,却找不到法律依据,相关部门无法稽查和惩处。

第三节　宁波大宗商品产业发展分析

(一)宁波具有建设成为国际大宗商品经济中心的区位优势

宁波拥有天然港口,货物吞吐量位列世界前列。作为全国四大深水良港之一,宁波是建设浙江海洋经济示范区的核心城市和国家"一带一路"倡议重要节点城市。宁波—舟山港是世界级大港,对内是江海联运枢纽,对外

是远东国际航线要冲,具备建设大宗商品国际贸易和物流中心的天然优势①。依托深水良港和优越的区位条件,宁波成为我国主要的石油、液体化工、矿石等大宗商品的国际中转储运基地,也是华东地区主要的煤炭、粮食、木材等商品的中转和储运基地。

"一带一路"等多战略叠加融合为宁波经济创造了前所未有的发展机遇和平台,也为宁波全面参与新型开放经济、全球直接投资、全球大宗商品贸易开辟了多元化路径。

(二)以港口为依托,形成了品种化、多层次的交易市场

宁波具有建设大宗商品交易市场的自然和物流条件。当今的市场体系建设存在着全方位、多角度的避险要求,在传统的现货市场和期货市场之间还存在着其他几种市场组织形式,我们称其为多层次市场体系,也可以说是一种多层次商品市场。这类市场包含的不仅有金融衍生品市场和商品衍生市场属性的市场,还有电子化的商品市场,B2B市场,等等。作为港口城市,在建设大宗商品交易市场时,宁波充分考虑了多层次交易市场这一特性,已形成了比较好的现货市场基础。宁波既是商品生产地(有塑料、石油、钢铁、电器、纺织品的生产),同时又是资源进出物流所在地。宁波在多层次市场体系建设方面有较大优势,初步形成了品种化、多层次的交易市场。

(三)以国际贸易为方向,形成外向型交易市场

国际贸易一直以来是宁波的支柱产业,这种外向型经济发展形态注定了宁波成为现货贸易集散地。据统计,宁波的外经外贸占到全市 GDP 的 80% 以上,外贸对经济增长的贡献突出。宁波经济是外向度较高的开放型经济,以对外贸易、利用外资、对外经济合作为主要形式,逐步呈现出多层次、宽领域、高速度的发展特点。宁波对外贸易有政策上的支持,特别是大宗商品外贸,在此基础上宁波形成了外向型大宗商品交易市场。

(四)以空间为分布,形成地域性专业化的交易市场

产业集群是指在一个特定区域内存在一群相互关联的公司、供应商、关

---

① 大宗商品交易中心的形成是有规律可循的。消费地、生产地、贸易中转地,生产商、贸易商、物流集聚是市场形成的必要基础条件。国际大宗商品交易中心是全球大宗商品贸易往来的枢纽节点,代表国家或地区参与全球贸易竞争的程度与层次。国际上知名的港口城市,往往是重要大宗商品的国际市场交易中心。欧洲的鹿特丹倚仗其国际港口贸易地的优势,成为世界最重要的石油化工产品中心之一。作为亚洲转运中心的新加坡,凭借其国际贸易中转地的地利优势,成了石油、橡胶等大宗商品交易中心。

联产业和专门的制度和协会。宁波产业集群是本地区的区域性商业文化积淀和传统产业特定性要素的凝结,凭借民间微观经济主体的自发创新与地方政府柔性化经济行为的默契配合,宁波较早地选择了明晰的产权制度和区域性专业市场等有效率的经济组织,催生了内生式传统产业集群。集群不仅降低了交易费用、提高了效率,而且可以改进激励方式,创造出信息、专业化制度、名声等集体财富。更重要的是,集群能够改善创新的条件,加速生产率的提高,也更有利于新企业的形成,从而增强地方竞争力。大宗商品细分专业市场较多,并在专业产业集群基础上形成了大宗商品交易体系。目前宁波的大宗商品交易市场多为专业性市场,如在石油、有色金属、塑料、化工、钢铁(不锈钢)等方面形成了自身的专业市场。

(五)宁波大宗商品产业涉及多行业

2014 年宁波大宗商品行业主要涉及 10 多个行业,规模以上企业 2269 家,占宁波市规模以上企业的 33.3%,工业总产值占全市规模以上企业总产值 47.0%(如图 1-4 所示)。宁波规模以上大宗商品企业中以金属制品业和塑料制品业最多,占全市规模以上企业总数量的 23% 和 22%,但是这些企业的工业总产值占全市工业总产值不高,只有 3%~4%;而石油加工、炼焦和核燃料加工业企业数量很少,但这些企业的工业总值占全市工业总产值较高,达到 14%。

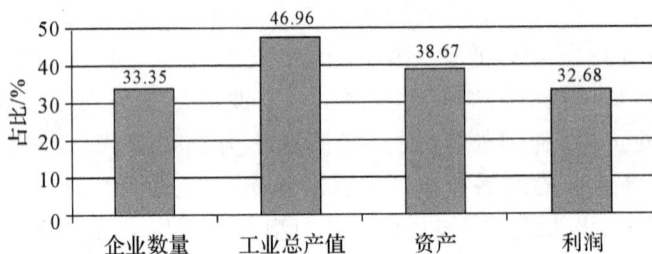

图 1-4　2014 年宁波大宗商品规模以上企业数量、
工业总产值、资产、利润占宁波市所有规模以上企业的比重

宁波当地生产的大宗商品种类有大米、布、印染布、液化石油气、化学农药、塑料树脂及共聚物、粗钢等。

近年来宁波部分大宗商品相关产品产量呈逐年上升趋势,在石油化工、塑料、化学纤维、金属加工等大宗商品领域具备了一定的产业基础(如表1-13 所示)。

表 1-13 2014 年宁波市主要大宗商品产量

品种	单位	产量
大米	万吨	8.19
布	万米	35380
印染布	万米	57673
原油加工量	万吨	2506.12
液化石油气	万吨	96.40
化学农药	吨	2796.50
塑料树脂及共聚物	万吨	315.56
粗钢	万吨	456.77

宁波大宗商品贸易经济基础扎实,拥有良好的大宗贸易机制平台。宁波与世界 100 多个国家和地区的经贸合作不断扩大,互联互通水平不断提升,人文交流日益频繁。在石油、钢铁、煤炭、有色金属、石化、木材等大宗商品领域的贸易基础不断增强。

宁波大宗商品市场建设有利于促进宁波经济转型升级。首先,发展大宗商品贸易有利于拓展更多国际市场,赢得国际商机。其次,发展大宗商品贸易可以带动装备制造业走出去,不断提升国际产能合作能力和水平。再者,发展大宗商品贸易可以加快促进传统产业的国际转移。宁波作为长三角南翼的经济中心,制造业发达,逐步发展成为我国重要的大宗商品贸易和物流中心。根据国务院于 2011 年 2 月正式批复的《浙江海洋经济发展示范区规划》,宁波将通过构建大宗商品交易平台、海陆联动集疏运网络、金融和信息支撑系统三位一体的港航物流服务体系,建设我国大宗商品国际贸易和物流中心。在此背景下,本书借鉴国内外大宗商品市场建设的基本经验,对宁波大宗商品交易市场建设的具体问题进行研究,具有较强的现实意义。

第二章　产业融合发生机制与分工效应

产业融合并不是作为理论观念上的产业边界出现模糊或发生变化，而是在产业边界既定的情况下，现实经济中出现了某一产业既定的经济活动跨产业存在的现象，以至于难以将这种具有双重产业属性的经济活动组合，归入现有的某一产业。因此，研究某一产业既定的经济活动跨产业存在的发生机制、发生条件、内在动因、表现形式等，就成为把握产业融合理论内涵的关键。同时，从分工理论角度分析产业融合和产业分工关系以及产业融合对产业分工的影响，是对产业融合理论的进一步深化。

第一节　产业融合的含义和分类

一、产业融合的含义

在研究产业融合的诸多文献中，出现比较频繁而且大家普遍接受的一个提法就是产业边界的"模糊、收缩和消失"，这也可能是"融合"的直观含义。产业融合，必然是发生在至少两个产业之间的经济现象，产业概念的界定，是研究产业融合问题的基础。

产业概念是随着经济社会的发展而不断形成和发展的。不同历史时期的不同理论研究中，产业的含义是不同的。实际上"产业"是一个相当模糊的概念。在英文中，"产业""工业""行业"等都可以称为"industry"，比汉语的含义更为模糊。《麻省理工学院现代经济学词典》(1983)对产业的定义为:"在完全竞争市场的分析框架内,产业是指生产同质产品、相互竞争的一大群企业。"我国学者杨治(1985)将产业定义为:"产业是居于微观经济的细胞(企业和家庭)与宏观经济的单位(国民经济)之间的一个'集合概念'。产业是具有同一属性的企业的集合,又是国民经济以某一标准划分的部分。具体地说,在产业经济学中有三个大层次:第一层次是以同一商品市场为单位划分的产业,第二层次是以技术、工艺的相似性为根据划分的产业,第三层次是大致以经济活动的阶段为根据,将国民经济划分为若干大部分所形成的产业。"以上关于产业的定义,可以从两个层面来理解:第一个层面,从产业组织的角度,当分析同一产业的企业间的市场关系时,"产业"是指生产同类或有密切替代关系产品、服务的企业集合,因为只有生产同一或具有密切替代关系的产品或服务的企业群,彼此间才会在同一市场上发生竞争关系[①]。第二个层面,从整个产业的状况以及不同产业间的结构和关联的角度,"产业"可以界定为具有使用相同原材料、相同工艺技术或生产产品用途相同的企业的集合。

第一个层次上的产业定义强调企业产品或服务的市场竞争关系,第二个层次上的产业定义则比较有弹性,既可以是广义上的第一产业(大宗商品产业与畜牧业)、第二产业(制造业)、第三产业(服务业),也可以是狭义上的石油产业、机械产业等。本书对产业的概念界定从宽,既可指狭义的具体产业、行业,也可以指广义的第一、第二、第三产业。

目前,国内外有关产业融合的研究可以总结为五个不同的方面:

(1)技术融合论。认为是某种通用技术或通用生产过程在一系列产业中的广泛应用和扩散导致了融合。产业融合的本质就是技术融合,就是通用技术的创新和应用。

(2)边界模糊论。如美国学者格林斯坦和卡恩纳(Greensteinand & Khanna)的定义:产业融合是为了适应产业增长而发生的产业边界的收缩或消失。

(3)过程统一论。认为产业融合是一个从技术融合开始,到业务融合,再到市场融合这样一个逐步实现的过程。如欧洲委员会"绿皮书"的定义里产业融合是指"产业联盟和合并、技术网络平台和市场等三个角度的融合"。

(4)产业组织论。日本学者植草益认为,产业融合就是通过技术革新和放宽限制来降低产业间的壁垒,加强各产业企业间的竞争合作关系。

---

① 韩小明.对于产业融合问题的理论研究[J].教学与研究,2006(6).

(5)产品(产业)创新或产业发展论。美国学者尤弗亚(Yoffie)对产业融合的定义是:"采用数字技术后原本各自独立的产品的整合"。我国学者厉无畏等人认为,产业融合是指不同产业或同一产业内部的不同产业,通过相互渗透、相互交叉,最终融为一体,逐步形成新产业的动态发展过程。其特征在于产业融合的结果出现了新的产业或新的增长点。

以上定义提供了研究产业融合问题的不同视角和思路①。实际上,产业是一个中观的概念,它是从事特定经济活动的企业的行为集合,不管是前述广义上的产业定义还是狭义上的产业定义,"产业"实际上都是被定义为具有同类产出结果和相似产出方式的同质性经济活动。从事特定经济活动的所有企业构成了这一产业的微观基础,特定产业与特定的经济活动之间的关系是确定的②。

但是,实际上,产业与企业的关系并不是确定的。某一企业既可以只从事一个产业内的经济活动,也可以同时从事两个以上产业内的经济活动,前者可以称为专业化经营,后者可以称为多元化经营。比如,"制造业"所对应的经济活动(特定产出结果和相似产出方式)是确定的,但并不是制造业内的所有企业都单一地只从事制造业的经济活动。某产业内的企业从事多元化经营的现象并不少见,但是,只有在某一产业里的大多数企业的经济活动中都出现了原属于某个其他产业的经济活动时,或者在某一产业里有足够产业影响力的少数企业的经济活动中出现了原属于某个其他产业的经济活动时,这种现象才可以称为产业融合。所以,产业融合并不意味着理论上的产业界限出现了模糊化,而是在产业划分清楚的情况下,某一产业所对应的经济活动出现了趋势性的跨产业存在的现象,而这种具有双重或多重产业属性的经济活动难以划入现有定义下的某一个确定的产业。从这个意义上看,发生模糊化的并不是理论上的产业边界,而是融合之后的产业在原有产业划分标准下的产业定位。

二、产业融合的分类

如果我们把产业融合理解为既定产业经济活动的跨产业存在,那么就可以按照既定产业经济活动跨产业存在的不同表现和路径,对产业融合进行分类,而且这种分类必须能够基本涵盖现实中所发生的产业融合现象。

---

① 杨公朴,夏大慰.现代产业经济学[M].上海:上海财经大学出版社,2005.
② 韩小明.对于产业融合问题的理论研究[J].教学与研究,2006(6).

从产业经济活动的层面来观察产业融合的发生,可以发现,某产业内的经济活动跨产业有几种不同的形式,相应地就可以根据这些不同的形式来划分产业融合的类型。

如果把产业看成具有同类产出结果和相似产出方式的同质性经济活动的集合,把产业融合看成既定产业内的经济活动跨产业存在的现象,就可以发现,既定产业经济活动跨产业现象实际上就表现为既定产业的产出方式和产出结果的跨产业现象。尽管既定产业经济活动跨产业的表现方式各不相同,但这种类型产业融合的发生都是由该产业的生产方法创新而引起的。

(1)产出方式跨产业。某一产业产出结果的物质形态或功能相同,但是该产业的产出方式增多了。除了本产业原有的产出方式,现在还出现了其他产业的产出方式。其中一种情况是产出结果的物质形态相同,但是产出方式改变了。比如,大宗商品产业的产出结果物质形态未变,但是现在除了传统的大宗商品产业产出方式外,还出现了工厂化的大宗商品产业产出方式,基因技术、航天育种等高科技产业的生产方式也不断融入大宗商品产业生产之中。另一种情况是产出结果的功能相同,但产出结果的物质形态改变,产出方式也改变了,比如传统相机与数码相机,传统电信与 IP 电信,普通传媒与网络传媒等。由产出方式跨产业而形成的产业融合如图 2-1 所示。

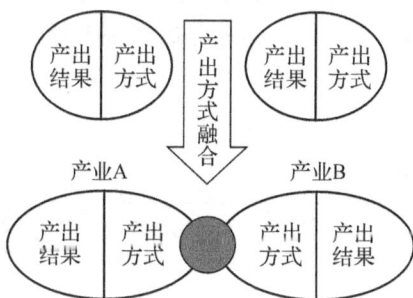

图 2-1　生产方法创新型产业融合:产出方式跨界

(2)产出结果跨产业。某一产业内原有的资产体系,产出了更多的结果,而且新产出的结果原属于其他产业。这种情况或者是因为企业在技术进步的基础上充分利用了原有的资产体系,比如铁路运输部门、电力产业部门利用原有网络提供电信、互联网接入业务和数据传输业务。或者是因为技术的进步,使得产业原有资产体系产出了其他产业的结果,比如分布式能源技术的采用,使天然气产业可以向一定区域内的用户同时提供电力、蒸汽、热水和空调冷水(或风)等能源服务,而传统的电子商务体系也不断地拓展着网上购物业务和网络金融业务。由产出结果趋同而发生的产业融合如图 2-2 所示。

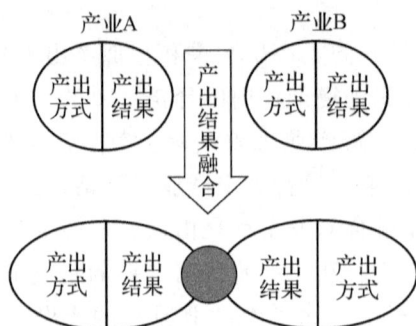

图 2-2 生产方法创新型产业融合：产出结果跨界

（3）不同产业的产出方式和产出结果都趋同。在一些经营内容接近且具有很强替代性的产业间，由于技术的进步，使这些产业之间形成了通用的技术平台，再加上产业规制政策的相应调整，使这些产业的产出方式和产出结果都出现了殊途同归的融合现象。这种融合方式在信息产业内的广播、电视、通信业等产业之间的表现最为引人注目，在物流产业的运输、仓储、邮政等产业之间和金融产业的银行、保险、证券等产业之间，融合的趋势也表现得越来越明显。这种形式的产业融合如图 2-3 所示。

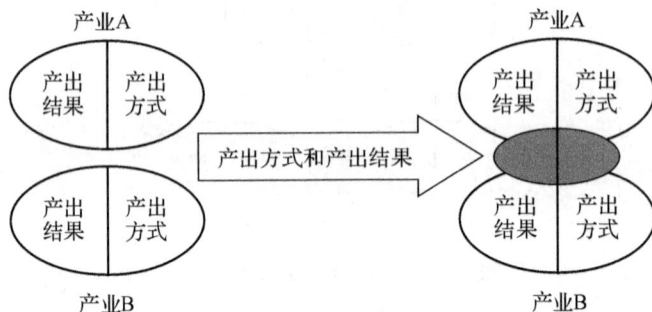

图 2-3 生产方法创新型产业融合：产出趋同

上述三种产业融合的表现形式中，在第一种形式下，产业的产出方式增加，这本身就是生产方法创新的表现。在第二种形式下，产业的产出结果增加，这或许是因为原有的产出方法改进，从而增加了产出功能，也或许是原有产出方法的潜在功能得到发挥，同样也增加了产出功能。不管是哪种情况，都是生产方法创新的结果。在第三种形式下，产业的创新幅度更大，变革性的技术进步甚至使原有产业的产出方式和产出结果逐渐被淘汰，从而使不同产业在技术、产品、市场等方面完全融合为一个新的产业。总之，产出方式和产出结果跨产业的情况都可以归结为生产方法的创新。可以说，生产方法创新是现代产业融合发生的重要原因之一。

除了上述由于生产方法创新而引发的既定产业经济活动跨产业现象外，还有一种产业融合的情况，就是生产有形产品的产业与相关服务产业之间的业务延伸和交叉引起的产业经济活动跨产业，使不同的产业分工被内部化于同一企业而形成的内部化型产业融合。在这种方式里，既定产业的经济活动跨产业是通过将原有产业价值链转向或延伸而实现的，其实质是企业在价值链创新基础上的产品服务化和产业服务化。相比于生产方法创新型产业融合，内部化型产业融合是出于产业经济效益最大化的目的而非产业技术的先进性。不管企业价值链创新的方向和方式如何，该产业的经济活动都超出了特定产业的经济活动范围，即把外部产业的经济活动纳入本产业的价值创造过程之中。内部化型产业融合的发生，表现为具有一定内在关联性的不同产业之间的不同程度的重合、交叉与重组。特定产业内的企业在分析核心能力的前提下，以自身原有的资产体系为依托，将产业的价值链进行前向、后向延伸或重新整合，为客户创造更大的价值增值，并在提高自己产品或服务差异性的基础上开拓更大的利润空间。追求范围经济是这种产业融合发生的根本动机，消费服务化是这种产业融合发生的市场诱因。

内部化型产业融合趋势在制造业和服务业之间表现得非常突出，"'由生产活动与融入制成品制造、生产和分销过程的服务活动所形成的综合体'已成为现代经济增长中最快速的产业部门之一"。同时许多服务部门也凭其熟悉消费者需要、熟悉有关产品性能和与服务功能匹配的专业知识与技术轻而易举地进入相关设备制造业。不单是制造业，在大宗商品产业、建筑业也出现了这种"服务化"或"服务增强"的趋势：大宗商品产业企业生产、加工、销售、服务一体化经营，形成完整的一体化的农产品产品链。大宗商品产业改变传统的价值增值方式，不仅是传统农产品，而且大宗商品产业的生产方式、生产手段、生产场景都被整合成旅游资源，从而使大宗商品产业产业链的价值构筑方式和市场定位发生改变。工业企业、商业企业整合自身资源开展工业旅游、商业旅游；建筑业进入房地产业；等等，都是产业价值链移动、延伸、整合，而将产业外部分工内部化的产业融合的具体表现。就跨产业的经济活动之间的产权联系来看，内部化型产业融合的基本特点就是原来属于不同产业的经济活动,被内部化于一个独立产权的经济组织,从产业链的角度来看,这种类型的产业融合意味着企业经营战略中的前向或后向一体化。

产业分工内部化型产业融合是为适应产业的增长而将其他产业的功能和业务整合在本企业的内部,从而使本产业和外部产业发生重合与交叉,催生出新的产业或新的经济增长点。这种产业融合是把产业外的经济活动融入本产业边界之内,强调产业间分工在同一产业的内部化①。实际上,如果把产业融合定义为特定产业的经济活动的跨产业存在,那么在专业化分工的基础上,产业分工就需要不断深化和细化。当一个广义上的产业既定的经济活动必须由不同的狭义上的产业共同完成,或不同产业的企业之间通过契约关系建立具有战略联盟性质的企业网络时,就形成了另一种形式的产业融合:整合型产业融合。其典型的表现形式有两种:第一,供应链联盟,即围绕一种产品或服务的最终需求,不同产业在核心功能融合的基础上,形成一个从原材料供应、产品设计、产品制造、营销服务、一直到消费者的完整的价值创造系统。第二,虚拟企业,即两个或多个具有不同资源和核心能力的企业为了共同开拓市场而建立在信息网络基础之上的共享技术与信息,分担费用,联合开发且互利的企业联盟体。

实际上,不管是供应链联盟,还是虚拟企业,其本质都可以归纳为企业网络。一个企业网络包括了不同产业内的企业,是不同产业内的经济活动形成的一个价值网链。从产业链的角度看,企业网络由供应商、制造商、分销商、相关服务商等组成;从企业功能的角度看,企业网络是各个组成单位的生产、技术、管理、销售、服务、商标和专利等技能和资产的有机融合。企业网络的形成过程就是产业融合的形成过程,或者说,产业融合是企业网络化经营的客观结果。

企业网络是一个拥有独立产权的企业组合,这种形式的产业融合既不同于由于技术进步、产出方式进化而发生的产业融合,也不同于由于产业增长的需要而把产业之间的分工整合在一个特定产业的内部而发生的产业融合。这是一种由特定核心企业围绕特定市场需求,整合不同产业的价值创造功能而发生的产业融合,不同的产业在这里以不同的"价值模块"的形式而存在。具有价值链整合能力的"盟主企业"、基于企业核心功能的价值创造模块、价值协同创造的快速反应能力、全球化的信息网络所构成的战略管

---

① 李美云.论服务业的跨产业渗透与融合[J].外国经济与管理,2006(10).

理平台、契约化和竞争合作的市场文化伦理是这种形式的产业融合的构成要素。企业网络是介于市场和企业之间的一种中间组织形式。这种处于市场功能和企业功能之间的价值功能网链有一个最大的特点,就是不同产业价值模块的整合。如果说生产方式改进型产业融合的基础是不同产业间的技术融合,内部化型产业融合的基础是产业功能分工的内部化,那么整合型产业融合就是由不同产业价值模块围绕一个商品或服务的总体价值创造而引发的价值网络融合。如果说生产方式改进型产业融合和内部化型产业融合都发生在特定的产业边界以内,那么整合型产业融合则发生在价值网链上的实体产业(企业)之间、中间组织("类企业")之内。

从理论上来讲,社会是一个分工协作的有机整体,不同产业、企业之间一直就存在着不同形式的关联,一种商品或服务从原材料供应到消费者之间的所有价值创造过程在客观上构成了一个完整的价值链条。然而,整合型产业融合的出现却是一定产业经济条件下的产物。社会分工的发展、生产组织结构的变迁、信息化商业网络的形成是价值模块整合型产业融合得以发生的前提和基础。

在市场体系发展不充分、由供应推动的卖方市场条件下,大型的一体化组织是市场的主导力量。整个商品的价值创造过程构成一体化企业内部一条完整的、闭合的企业价值链。在这种一体化的生产模式下,生产商品的不同流程和环节构成了企业内部分工的主要内容,由垂直的企业内部管理机构强制性、计划性地整合,既不存在产业融合的基础,也没有产业融合的必要。随着产业分工的深化和细化,围绕一个商品或服务的整个的价值链条越拉越长,产品生产的中间需求越来越大,技术进步速率也越来越快,这是分工和专业化经营推动社会经济效益提高的内在逻辑和历史趋势。同时,消费者中心化的市场压力,多样化、个性化小批量的需求特征对企业生产能力的弹性要求,使大型的、一体化的、囊括一个商品的完整的价值链条的刚性生产组织失去了存在基础。原来一体化组织内部的分工环节,被社会化的产业分工所代替,完整的产业链条被分解到不同的产业领域和市场空间。相应的企业形式由大型的一体化科层组织演变为突出企业核心功能的扁平化网络组织。有分工,就会有协作,分工与协作是社会劳动的两个方面。产业分工带来产业融合的必要性,在"速度经济"的压力下,一个完整的价值创造过程需要价值创造的不同环节之间的快速联动和整合。产业功能的模块化和信息网络技术的支持,使价值模块整合型产业融合的发生成为可能。最后,即使这种跨产业的不同价值模块之间的整合不是发生在固定的模块成员之间(当然对相关模块的选择会具有相对的连续性和稳定性),甚至对模块整合的发起者来说特定整合的发生也可能具有不确定性(来源于市场机遇的不确定性),但是,当这种"偶然的""动态的"甚至具有"一次性"的产业间价值模块整合成为企业商业模式的常态时,真正意义上的整合型产业融合就出现了。

　　林民盾(2007)所提出的横向产业的概念可以在某种程度上解析这一类型的产业融合现象。横向产业理论把商品形成过程中的不同阶段作为元素对其进行分割,即商品的三个过程元素——研发设计、生产制造、整合(集成)销售与服务,如表 2-1 所示。

表 2-1　按商品形成过程中的行为分类

元素	商品过程
I	研发设计
II	生产制造
III	整合(集成)销售与服务

　　表中元素 I 是以知识为主体的商品规划、创新、设计元素;元素 II 是以体力劳动配合知识工具为主体的商品制造元素;元素 III 是以知识为主体的专业服务、营销战略、营销管理、客户服务的商品营销服务元素。商品是研究经济问题的基本因子,它可以是有形的农副产品、工业产品,也可以是无形的服务和技术产品,在传统的企业内部存在着针对这个三元素的,完成整个商品生产过程的三个组织。传统的企业,以至该类型的行业,再延伸到其他同类行业的产业范畴,凡是从事商品活动或广义的商品价值创造过程,都包括这三个完成商品过程的不可或缺的组织。福特制生产经营组织就反映了这样的传统企业的特征。但是现代企业发展的一个突出特点,就是企业功能的"归核化",几乎没有任何一种产品或服务可以完全由一家企业提供。商品价值形成和实现的三个元素,以及对应于这三个元素的三种组织,日渐发展成三种分立的产业。实际上,这三种组织只是商品价值生产和实现过程中不同价值环节的简单概括,在现实的经济生活中,随着专业化的发展,商品价值生产和实现的过程远不止这三个环节,任何商品的价值生产和实现都需要不同产业间的协作和整合,横向产业理论实际上是从商品价值的形成和实现的角度说明了产业融合的内在原因。[1]

---

　　[1]　林民盾.横向产业理论研究[M].北京:科学出版社,2007.

整合型产业融合赋予产业融合新的意义和表现形式。各种类型产业融合的发生原因，甚至所有经济活动的发生原因，都可以归之为价值创造和实现的动机。但是，整合型产业融合的特性，却在于价值创造的网络化和组织载体的动态化。生产方式进化型产业融合可以具体化为"工厂化大宗商品产业""电信业和电视、出版业的融合"等等。内部化型产业融合可以具体化为"制造业和服务业的融合""大宗商品产业和休闲业的融合"等等，但是整合型产业融合概念中的"产业"却不具有确定性，"融合"发生在围绕某一市场最终需求的价值协同创造过程中。

产业融合的发生是多种因素共同作用的结果，就产业融合本身来说，既可以从宏观经济结构演化角度来考察，也可以从中观的产业组织演化角度来考察，还可以从微观的企业经营角度来考察。本书采用微观和中观相结合的角度，从特定产业内企业经营活动跨产业的角度来考察不同产业之间的融合机制和规律。从企业生产经营的角度来看，企业经营活动跨产业的现象往往是多种复杂因素综合作用的结果，其中涉及产业技术变化、企业战略选择、企业组织形式创新、市场需求变化、经济信息化程度、宏观产业政策调整以及全球产业发展趋势等内外因素。

本书对产业融合的分类依据是：推动产业融合的主要力量。由技术创新推动的产业融合表现为产业生产技术的创新，由价值链创新推动的内部化型产业融合表现为产业的服务化，由价值网链整合推动的整合型产业融合表现为产业组织方式的网络化。其中，整合型产业融合是对产业融合内涵、外延、融合方式的拓展。从内涵上来看，产业融合不仅仅意味着技术的融合、产品的融合和业务的融合，而且也包括价值创造功能的融合。从外延上来看，产业融合不仅是指企业内部的产业经济活动的跨产业融合，而且包括在"中间组织"内部所发生的经济活动的跨产业融合。从融合方式上来看，产业融合的发生，不仅包括不同产业经济活动之间线性的一体化融合，而且包括不同产业经济活动之间的链式、网络式动态融合。

对复杂的产业融合现象进行大致的分类是理论研究的需要，但是考察现实中的产业融合现象却不能简单明确地将其归类于上述三种类型中的某一种。就本书总结的三种类型的产业融合来说，其中也存在相应的交叉和联系，因为现实经济生活中的产业融合，不但是多种因素共同作用的结果，而且是不同产业之间协作整合的动态发展过程。生产方法创新型产业融合强调由技术创新所引起的原来分立的产业间技术的融合，融合后的通用技术同时也是发生融合的产业的主导技术，比如数字技术在广播、电视、出版等产业融合发展过程中的主导作用。实际上,技术创新不仅是生产方法创新型产业融合的推动力量,它同时也是内部化型产业融合和整合型产业融合的背景和条件,尤其是信息技术的发展。对内部化型产业融合来说,基于信息化的生产技术创新使产业间技术关联加强,并使范围经济成为可能。不同产业间技术设备和人力资源的通用性的加强,强化了企业追逐协同经济效应的动机。技术创新所带来的不同产业之间的通用性,正是波特所说的企业业务单元之间的"有形关联"的重要表现。企业的价值链活动如何创新,企业经济活动跨入哪一个外部产业,或者企业究竟把哪些产业"内部化",技术的关联性是企业商业模式创新的重要参考因素。对于整合型产业融合来说,信息技术的发展,构成了整合型产业融合发生的重要背景和条件。信息技术虽然不是整合型产业融合的主导性生产技术,但却是整合型产业融合的主导性管理技术;互连共享的信息管理平台,是企业网络得以形成的基本前提。从这个意义上讲,信息化构成了产业融合的技术背景。

同理,技术创新使特定产业的生产方式得以进化,不同产业之间日趋相似的产出方式和产出结果要求产业的生产组织形式做出相应的调整。互联网技术的广泛应用,使传统媒体产业的生产方式日益网络化。2001 年 1 月 10 日,世界上最大的互联网服务公司——美国在线公司和世界上最大的传媒公司——时代华纳公司的合并,既反映了传媒产业的生产方式进化,也是原来处于分立状态的不同产业的内部化的表现。

最后,内部化型产业融合和整合型产业融合往往是相互交错和重叠的。从静态的角度看,产业之间的协作和整合方式极其灵活,既可以通过企业合并、兼并、控股等方式发生产权关联,也可以通过市场契约和战略联盟方式组成企业网络。从动态的角度看,产业之间的协作与整合服务于经济主体对经济效益的追求,随着市场环境的变化和企业战略的不同组合,产业协作和整合的方式也会随之进行调整。

整合型产业融合中,整个企业网络的整合方式,以及整个企业网络的不同节点上的企业之间的整合关系,既可能不相同,也可能不确定。在以契约方式为主的整合型产业融合方式中,可能存在着处于不同产业的某一价值链前后环节的产权一体化,即内部化型产业融合。同理,当内部化型产业融合中的企业把跨产业的经济活动通过外包等方式分离出去,使接受外包的企业和原有企业之间形成契约化的企业网络时,内部化型产业融合就转化为整合型产业融合。一个实现了内部化型产业融合的企业,可能正是另一个实现了整合型产业融合的企业网络的组成部分。总之,随着不同产业之间协作与整合方式在产权联结和契约连接之间的调整,内部化产业融合与整合型产业融合之间的关系既可以是部分重合的,也可以是相互转换的。

第二节　产业融合的发生机制

通过对产业融合现象的分析以及从跨产业多元化经营的角度对产业融合的类型分析,构筑了研究产业融合的一个新的视角。那么,各种类型产业融合的现象为什么会发生?如何发生?发生的条件是什么?对这些问题的回答是产业融合研究问题从外层现象到内在机理的深化过程。

一、生产方法创新型产业融合的发生机制

生产方法创新型产业融合包括产出方式跨产业、产出结果跨产业和产出方式及产出结果都跨产业三种情况,其中当产出方式及产出结果都跨产业时,原产业之间发生了深度融合,会出现产业边界模糊、收缩和消失的现象,产业融合特征显性化。这三种形式的产业融合虽然融合的方式和融合的程度有差异,但是其发生机制是相同的,即生产方法的创新导致产业融合的发生。那么,生产方法创新型产业融合为什么会发生?是如何发生的?是在什么情况下发生的?

1. 技术创新是生产方法创新型产业融合的推进器

第一,技术创新的溢出效应加快了不同产业之间的技术融合。首先,一个产业的技术创新扩散到相关产业,并对相关产业的原有技术进行改造,使得相关产业的技术水平得到提高,最典型的就是计算机芯片技术的提高,极大地提高了自动控制产业、通信产业等相关产业的技术水平,使得计算机的技术创新效应外溢到相关产业。其次,一个产业的技术创新扩散到相关产业,通过与这些相关产业的原有技术相融合而产生了新技术,并为相关产业创造了新的技术升级机会,如传统的机械技术与新兴的微电子技术融合而形成的电脑数控机床、工业用机器人等。最后,与一个产业的技术创新、市场开拓过程相伴随的市场需求状况、特点及趋势等信息的溢出,会被其他产业利用而不用支付费用。这种技术创新的溢出效应最明显地表现在上游产业的技术创新对下游产业的生产技术改进上。

第二,技术融合推进产业融合。技术创新在不同产业之间的扩散导致了技术融合,而技术融合使不同产业之间的成本结构、生产技术和工艺流程

变得十分相似,形成不同产业间通用的技术平台,技术的通用性消除了不同产业之间的技术进入壁垒,产业间技术边界趋同,产业间生产方式趋同;技术融合使不同产业所提供的产品和服务具有相似的功能和特性,可以满足消费者相似或相同的需要,不同产业所提供的产品或服务的替代性增强,产业间产出结果趋同。产业间生产方式的趋同和产出结果的趋同,最终导致生产方法创新型产业融合的发生。

2. 对产出效率的追求是生产方法创新型产业融合的根本动因

第一,对产出效率增长的追求。任何一种技术创新都可能会推动生产方法的创新,但是,只有在技术创新所推动的生产方法创新才能为企业带来预期收益的情况下,即只有生产方法创新带来的总收益大于变革现有生产方法所付出的总成本,企业才会考虑变革其生产方法,否则,即使技术创新的幅度再大,生产方法创新的程度再高,企业也不会考虑变革其生产方法,这就是技术考虑和经济考虑之间的差异。从这个意义上来讲,产出方法创新型产业融合的发生,并不取决于创新技术相对于现有技术的先进性,而是取决于创新技术相对现有技术的经济性。

第二,对经济增长可持续性的追求。在现实的经济生活中,总有一些生产方法,无论它在技术上如何先进,在经济效益上如何优良,却还是要受到一些外界的不确定性的制约,比如特定资源的瓶颈、环保要求提高、贸易条件变化等等。一旦外界环境和运营条件发生了变化,原有产出方式的局限性就显现出来。当这种制约和局限性越来越影响产出的效率时,企业改进生产方法的努力不但反映了对经济增长可持续性的追求,更反映了对经济效率的追求。因而前文所述的生产方式创新所带来的效益改进,既包括了产出的成本和质量上的数量型改进,也包括了增长可持续性的内涵式改进。对经济增长可持续性的追求,或者引发原有产出方式的改进,比如将其他产业的生产技术、生产模式引入本产业;或者在技术进步的基础上使本产业的产出结果具有了其他产业的功能。不管是哪种情况,都会导致生产方法创新型产业融合的发生。

3. 产业融合现象的发生,是同类企业集合的行为结果

微观层面上企业的产出方式进化,导致了中观层面的产业融合现象的发生,因而,研究企业生产方法创新的发生路径,是研究生产方法型产业融合发生路径的关键。第一,生产方法的创新,首先发生在个别企业。这些企业可以是某一产业内部的企业,也可以是某一产业外部的企业。对产业内

部的企业来说,该企业可能是产业内具有市场优势地位的企业,其先进的研发力量可以提供新的产出方式所需要的技术支撑,其雄厚的资金可以负担新的产出方式所需要的成本支出,生产方法的创新可能会使其市场优势地位得以巩固或者扩大;该企业也可能是不具有市场优势地位,但是面临着某种潜在的威胁或发展制约的企业,而且这些企业应该具有承担产出方式进化成本的能力,生产方法的创新可能使其摆脱发展制约并使其市场地位得以改善。不管是哪类企业首先发起生产方法的创新,当这些先行企业尝试生产方法创新而显示出可能的市场潜力时,就会带来强烈的示范效应,其他企业会迅速跟进,这时不管是先行的企业还是跟进的企业最终谁取得市场优势已经不重要了,重要的是创新的生产方法已经成为该产业生产方法的主流,产业的整体产出能力得以提升。第二,从产业融合的角度观察某一产业的生产方法创新过程,会发现在更多的情况下,率先发动生产方法创新的,往往并不是本产业内的企业,而是产业之外的企业把一种全新的产出方式"嵌入"到本产业中来。比如,互联网企业最初只提供数据传输业务,当它以互联网的方式提供 IP 电话服务时,对于传统的电信服务领域而言,IP 电话服务就是产业外的新进入者。再比如,因为工厂化的产出方式属于工业领域,用工厂化方式生产农产品的企业,最初并不是来自传统大宗商品产业内部,而是来自于工业领域。这种嵌入式的生产方法创新,比内生型生产方法创新更多地影响传统生产方法,其生产方法创新性更强,对产业发展的提升幅度更大。但是,嵌入型生产方法创新,要面临比内生型生产方法创新更大的不确定性。由于嵌入型生产方法来源于产业外部,对其新进入的、自己并不具备市场优势的产业来说,生产方法创新是一种挑战行为;对其原来所在的产业来说,跨产业的经营是一种风险性的行为。除了产出技术的先行优势之外,首先发起生产方法创新的外部企业要面临更大的创新压力,其经济后果也比内生型生产方法创新具有更大的不确定性。从企业的决策角度看,嵌入型生产方法创新的先行者,需要更敏锐的市场洞察力和更强的经济利益刺激。

不管是内生型还是嵌入型生产方法创新,其推动产业生产方法变革的过程,就是生产方法创新型的产业融合的过程。当创新的生产方法成为该产业的主流生产方法时,产业融合就最终完成了。所以生产方法创新型产业融合,就单个企业的行动来说,意味着局部经济效益的增进;而产业主流生产方法的进化,则意味着经济增长方式的转变。

4. 生产方法创新型产业融合的发生条件

第一,拥有生产方法创新所必需的技术支撑,以及该技术的变革能为企业带来产出效率和产业效益的增加,是生产方法创新型产业融合发生的必要条件。第二,产业规制政策的调整。生产方法的创新使企业跨越了产业间的技术壁垒。

但是进入一个新的产业还可能面临着由政府的经济性规制所造成的政策性壁垒。经济性规制,是指在自然垄断产业和存在信息不对称的产业,为了防止资源配置低效率和保证消费者的公平利用,政府部门利用法律权限对企业的进入和退出、价格、服务的数量和质量等加以规制。进入 20 世纪 80 年代以来,技术创新和融合改变了自然垄断产业的技术基础,引起自然垄断产业的成本函数和市场规模的变化,这些都在一定程度上改变了这些产业的自然垄断性质。再加上随着自然垄断概念的发展和变化,政府经济性规制所引起的负效应日益明显;全球经济一体化、国际经济交往的迅猛发展也迫切要求政府放松经济性规制。在以上因素的综合作用下,自 20 世纪 70 年代后期起,西方经济发达国家对交通运输、电信、电力、天然气等自然垄断产业纷纷进行重大改革,其核心就是放松价格、准入等经济性规制,以提高自然垄断产业的运营效率。

在生产方法创新型产业融合的条件下,当产业融合只是改变了该产业的产出方式时,因为不存在产出结果的形态和功能的改变,所以就不存在产业进入问题,自然也就不存在政府产业规制的影响问题。但是在产出结果跨产业的产业融合方式下,尤其是对嵌入型生产方法创新而言,产出结果的改变,使融合后的产业属性发生变化,这意味着产业融合的发生不但需要一定的技术条件使生产方法创新具有可能性,而且要求产业进入不存在政策性壁垒,使得产业外部的进入者可以携其进化的产出方式,对该产业原有的产出方式产生变革的压力。在技术条件具备和产业进入不存在障碍的情况下,生产方法创新型产业融合能否完成,就取决于这种生产方式创新的结果能否最终取得市场的成功。

二、内部化型产业融合的发生机制

虽然对产出效率和产业增长可持续性的追求可以通用于对很多经济现象的解释,但是在对内部化型产业融合的原因解释方面,对产出效率和产业增长可持续性的追求显得更为直接和明显。20 世纪 90 年代以来,许多经济发达国家的制造业企业纷纷进行战略转型,将其价值链逐渐后移,通过企业内价值链的跨产业整合,使"服务"而非"产品"日益成为这些制造企业价值链的重心所在。同样,许多传统的服务企业也凭借熟悉消费者需求和相关的技术优势,通过价值链的前移而进入与其所提供服务相关的制造领域。制造业与服务业跨产业融合而形成的"服务化"或"服务增强"趋势,使得传统上具有明确边界的制造业和服务业变得模糊起来。不仅如此,在其他的非服务产业,比如大宗商品产业、采矿业和建筑业等产业领域,也出现了这种"服务化"或"服务增强"的现象,使传统意义上的三次产业之间的界限趋于模糊甚至消失。内部化型产业融合的一个突出表现就是第一产业、第二产业、第三产业之间的分工,通过相关产品或服务的价值链整合,被内部化于一个企业中,或者说,特定产业内的企业出现了内容相同的多元化经营,而且这种多元化大多是沿企业原有价值链移动而展开的。当这种企业内价值链整合的多元化经营成为原有产业内大多数企业的一种经营方向时,无论整合后的企业到底属于哪个产业,产业融合都已经完成了。因此,分析企业价值链跨产业移动的影响因素,就成为分析企业内价值链整合型产业融合发生原因的关键。

(1)内部化型产业融合的产业范式变化:信息化进程中"产品"与"服务"的界限趋于消失。在传统产业革命所造成的产业分工条件下,三大产业之间不同的生产技术、工艺流程和对时空条件的要求,使大宗商品产业、工业和服务业之间有非常清晰的产业边界。不同产业所提供的产品或者服务具有不同的特性、功能,分别满足消费者不同的消费需求,各产业之间的产出结果基本不具有可替代性。因此不同的企业都在各自特定的、具有清晰边界的产业范围内展开竞争,产品的定位非常明确,农产品、制成品或服务的边界清晰。而在信息化进程中,不同技术领域之间的持续聚合,起源于它们共有的信息产生逻辑。信息技术的发展,使越来越多实物产品智能化、数字化、信息化,各种商业服务都可以以电子商务的形式,成为网上交换的数字产品。以数字技术为基础的网络互连,使生产者与消费者、产品与服务紧密联系在一起。产品只是一个待发生的服务,而服务则是实际上的产品。在这种情况下,只有既是产品、又是服务的供应才能满足消费者需求。与此相适应,实物产品和服务的生产方式、生产特点及消费方式都发生了变化,实物产品的价值更多地体现在无形方面,越来越多的实物产品可以在消费者参与设计的过程中实现个性化订制,而服务产品可以以实物的方式提供,并且可以在远离消费者的地方大批量提供,"产品"与"服务"的界限趋于消失①。

(2)内部化型产业融合的市场诱因:产品差异化、客户消费的服务化。20世纪90年代以来,传统制造业生产能力的急剧提高使全球开始步入实物产品过剩的时代。从制造者的角度看,为了避开针对产品的价格竞争,开拓新的市场空间,很多制造业企业开始实施产品服务化战略。产品服务化将产品与增值服务有机结合起来,增加了产品差异化程度,不但使竞争对手难以模仿,而且比通过地域扩张或产品线扩张的方式具有更大的发展空间。从消费者的角度看,物质财富的极大丰富和生活水平的不断提高,使人类的消费方式和消费观念发生了变化。消费者从工业经济时代注重物质财富的占有性消费,转变为知识经济时代注重解决问题的服务性消费,即使购买产品实物,也是为了得到实物产品在使用过程中所发挥的解决问题的功能和作用。

面对客户消费的服务化趋势,传统产业意义上的大宗商品产业、制造业和建筑业开始重构它们的经营活动,由原来提供单纯的产品变成为客户提供购买产品所需要的全套服务。"顾客服务生命周期管理"战略集中反映了对消费服务化的应对。这一战略提出,企业应该提供从一项需求的出现,到需求的明朗化、产品储存、分销、运送、交付、验收、安装、升级、修理乃至最后回收处理、价值评估等的整套管理服务。服务不再是提高产品竞争力和增加产品差异化的手段,而是成为企业增值的手段,产品只是服务的承载体。同样的道理,随着顾客对方便快捷服务业需求的增加和市场竞争的加剧,传统的服务企业在为顾客提供服务时,往往也向顾客提供享受其服务所必需的设施和物质产品,凭借其所熟悉的消费者需求和相关知识和技术,服务业也可以轻松进入相关设备制造业,从而模糊了服务业和制造业的界限。客户消费的服务化,是企业内价值链跨产业整合型产业融合的重要市场诱因。

(3)内部化型产业融合的范围经济逻辑:企业内存在可利用剩余资源。企业跨产业的多元化业务,不管是沿着原有价值链前移,还是沿着原有价值链后移,都使企业具有了产业经济活动范围扩大的特征,因此,企业追求范围经济效益的逻辑,也可以解释企业内价值链跨产业整合型产业融合的现象。企业扩大产业活动范围的目的之一,就在于获得范围经济效益,但这种获利动机,首先是针对企业内部存在的可利用剩余资源,或者具有用更低成本获取外部资源的能力。当企业内部存在着可利用的剩余资源,而这时企

---

① 周振华.信息化与产业融合[M].上海:上海三联书店、上海人民出版社,2003.

业既不可能将其用于扩大原有产出结果的规模（市场限制），又不可能通过出售这些剩余资源而获利，同时又不愿意放弃以更低成本获取外部资源的机会时，只要存在可能的范围经济效益，企业就会做出跨产业多元化经营的决策。

但是，就产业融合的角度看，企业内价值链整合型的跨产业多元化经营与一般意义上的企业跨产业多元化经营稍有不同，具有其内在的规定性。一般意义上的企业跨产业多元化经营，更强调风险规避或扩大经营规模，因此这些多元化的内容，可能紧紧围绕企业原有的价值链条而展开，也可能在远离企业原有价值链条的不相关领域里另辟蹊径，即一般意义上的多元化经营的多元化方向与企业原有价值链之间不必然存在着相关性。所以企业究竟选择跨哪些产业展开多元化经营，主要是出于单纯的利润动机，就单个企业来说其跨产业方向选择是偶然的，就作为企业集合的产业层面来说，其跨产业的方向是散乱的，不具有规律性和趋势性。

内部化型产业融合更强调企业跨产业的方向与企业原有资产体系的通用性和关联性。波特在其著作《竞争优势》中指出，企业多元化经营战略的观念，已经由强调增长转变为强调效益，企业将更多的注意力放在"适合"的业务单元，而将无关的或微弱相关的业务单元出售。跨产业的业务选择必须以分析企业业务单元之间关联性为基础，企业必须能够识别和挖掘既相互区别又相互联系的业务之间的关联，并且把业务单元之间的关联区分为有形的关联、无形的关联、竞争对手的关联[①]。波特在这里所说的"适合""相关性"即体现了基于共同的资产体系和核心能力的范围经济效应。

相比于一般意义上的跨产业多元化经营，内部化型产业融合所要求的跨产业经营的方向选择，更具有必然性和规律性。从企业多元化的外部因素看，消费服务化的市场特点，使企业必须重新定位自己的产品或者服务的性质，顾客中心替代单纯的利润目标成为企业多元化方向选择的首要动机。加强与产品使用相配套的互补性服务活动，成为制造业企业多元化的必然选择，而进入与自己所提供服务具有替代性或互补性的产品的制造领域，成为服务企业多元化的必然选择。消费服务化的市场压力，使不同产业内企业多元化经营的方向趋同性地朝着服务增值的领域扩展。

从企业内部可利用剩余资源的角度看，制造企业把与产品消费相联系的配套服务内部化于本企业，向消费者提供由产品、服务、支持、知识和自我

[①]　波特.竞争优势[M].北京：华夏出版社，2005.

服务合成的一体化解决方案,实际上是将经营活动顺着产品价值链下移延伸到服务业领域。在此过程中,制造企业充分利用了企业在产品制造方面的设计和研发优势、制造和组装的专业技术以及客户需求的经验资料等等资源,相对于企业将要进入的产品服务领域而言,这些资源正是企业内可利用的剩余资源。同样,服务企业沿原有价值链将经营业务上移到制造业领域时,服务企业在服务客户过程中所积累起来的关于客户需要的特点、差异以及对产品结构、性能等方面的专业知识和技能等,相对于企业将要进入的制造领域而言,同样也是企业内可利用的剩余资源。不仅如此,企业还可以利用这些剩余资源沿原有价值链的另外的角度展开跨产业的多元化经营①。

从不同产业的资产体系的差异角度看,这些剩余资源构成了企业原产业与所跨产业之间通用的资产基础(产品制造——基于该产品制造的服务或体验资源,服务——基于该服务的产品制造技术资源)。如果跨产业经营沿着企业原有价值链延伸的方向而展开,或者说要保证内部化于本企业的产业与原产业之间具有较高的资产通用性,那么企业多元化的方向选择就带有一定的规律性:如果单个企业跨产业经营的方向是必然的和基本确定的,那么作为企业集合的产业层面的跨产业经营的方向就是规律性的。当产业内多数企业都出现方向(内容)相同的多元化经营时,内部化型产业融合就出现了。从这个角度来看,"导弹宇航+卫星通信服务"式的多元化比"导弹宇航+火腿香肠"式的多元化更具有产业融合的性质②。

内部化型产业融合,无论是不同产业经济活动的重合,还是不同产业经济活动的合并,都可以通过两种方式实现:一是企业通过自建的方式,展开原属于其他产业的经营活动。另一种就是企业通过并购的方式,介入原属于其他产业的经济活动。不管企业采用哪种方式进行跨产业的多元化经营,其本质都是把原来从属于其他产业但是属于本企业价值链自然延伸部分的经营活动纳入到本企业内部,或称产业分工内部化。从产业融合的角度看,最初这种价值链跨产业整合型的多元化经营只是个别企业的行为。

---

① 比如,德国大众公司兴建了自己的汽车主题公园。世界上最大的家具零售商瑞典宜家公司致力于将其公司的家具商店变成家庭旅行的好地方。休闲农业中传统农业的生产过程、生产手段和生产场景都可以变成创造价值的资源。这些都是企业充分利用自身剩余资源延伸价值链或改变价值链方向而展开的跨产业多元化经营。当然,这些经营内容既是为客户提供娱乐休闲的价值创造活动,也是以产品体验为基础的与客户建立新关系的服务方式。

② 李美云.论服务业的跨产业渗透与融合[J].外国经济与管理,2006(10).

如果这种跨产业经营符合产业发展的规律,就会有原产业内的其他企业跟进,并最终形成企业集合的共同行为,促进产业融合发生。内部化型产业融合发生的基本条件是:

(1)追求经济效益的企业商业模式创新。生产方式进化型产业融合的发生需要符合经济发展规律的内在支撑条件——技术进步和产出方式进化。技术进步和与此相联系的产出方式进化是产业增长和经济进步的一般要求,因此产出方式进化型产业融合的趋势和经济进步的内在要求具有一致性,在产业规制政策调整的情况下,产出方式进化型产业融合的发生也就具有必然性。相比之下,内部化型产业融合的发生对技术进步的要求较低或者没有要求,而对经济性的要求比较突出。个别企业的跨产业多元化经营的经济效益显著时,才会有产业内的其他企业跟进,跟进企业跨产业经营的方向趋同时,产业融合才有可能。产业内大多数企业都出现内容趋同的跨产业多元化经营时,产业融合才能完成。但是在经济服务化的产业发展潮流中,企业沿着原有价值链的自然延伸而跨产业经营,从而使第一次产业、第二次产业和第三次产业之间出现渗透和融合的现象,正成为产业发展的明显趋势。

(2)产业规制政策的调整。企业要进行跨产业的经营活动,把原来不属于本产业的经济业务活动内部化,同样存在着产业进入的政策性规制问题,因此产业规制政策的调整同样是内部化型产业融合得以实现的必要条件。

三、整合型产业融合的发生机制

整合型产业融合发生的原因是:

(1)信息时代中的客户中心化和"速度经济"对传统企业的挑战。20世纪90年代以来,在数字化和信息化的浪潮中,消费者的市场地位、消费行为以及市场竞争的日益激烈,对传统企业的经营方式构成了严峻的挑战。首先,买方市场条件下消费者主导权和主动权的确立,使企业的经营体制必须围绕消费者自下而上构筑,战略上对消费者的高度重视,使企业必须在保证效率和控制成本的基础上提供多样化的产品和服务,市场细分对企业服务成本和服务效率构成巨大压力。其次,以个人收入水平和余暇时间的增加等情况为背景,消费者价值和生活类型的多元化与个性化,使企业必须满足消费者对产品和服务越来越高的期望,以顾客为中心成为企业生存的基本法则。最后,面临速变、瞬变、多变的全球竞争环境,"速度"是企业生存要面临的最大挑战,产品寿命周期越来越短,更新换代速度加快,企业不但要面临巨大的产品开发压力,而且在产品开发和产品上市之间的活动余地越来越小;越来越短的交货期和响应周期,使企业的市场机会稍纵即逝。因此,缩短产品的开发、生产周期,在尽可能短的时间内满足用户的多样化需求,使传统企业面临严峻的生存压力。

(2)企业组织形态的变化:业务归核化和企业组织模块化。经营环境的变化要求企业的组织形态必须随之做出适应性的调整。自第二次产业革命到 20 世纪 80 年代,企业的组织形态经历了从强调规模和效率的纵向一体化模式到突出业务多元化的多职能事业部制(即 M 型结构)的变化。20 世纪 80 年代以来,竞争的压力又使企业从纵向一体化战略转向业务聚焦化战略或业务归核化战略。纵向一体化逐渐被横向一体化(回归主业,进行横向联盟)所取代,越来越多的制造企业不断将大量常规业务外包出去,只保留最核心的业务。这种归核化战略在 20 世纪 90 年代成了一种全球性的趋势,威廉姆森(1975)的不确定性、交易频率和资产专用性可以很好地从经济理论上解释这种现象。20 世纪 90 年代中期以来,企业的组织形态在业务归核化的基础上又出现了模块化组织和模块化簇群的特征。按照青木昌彦(2003)的定义,"模块化"(Modularity)是指半自律性的子系统,通过和其他同样的子系统按照一定规则相互联系而构成的更加复杂的系统或过程。模块化包括了业务的模块化、能力要素的模块化、组织结构的模块化和组织结构的模块化簇群。

根据模块化组织的内在机理,传统以企业组织业务划分的企业边界,转变为以组织能力划分的企业边界,突出核心能力要素的模块化企业更具有灵活性,更能够适应市场和战略伙伴的要求。供应企业和设计企业可以有效地联手制造企业和分销企业来向消费者提供创新型的、更符合客户需要的产品,以更好适应快速变化、竞争加剧的市场环境。以市场机会为引导,突出核心能力要素的供应、研发、设计、制造、流通、分销企业在统一的市场和价值"规则"的整合下实现灵活有效的对接,企业不再具有完整的产品价值链,而是在核心能力要素模块化的基础上,或者成为价值星系、价值网络的整合者,或者成为网络中的节点企业,网络中的企业形态由单点变为多点。总之,企业组织的模块化不但可以快速进行自身资源的整合,更重要的是可以快速地进行跨企业、跨产业的资源和核心能力整合,这是整合型产业融合发生的企业组织条件[①]。

---

① 罗琅.大型企业的模块化:内容、意义和方法[J].中国工业经济,2005(3).

（3）整合型产业融合的价值协同创造功能。20 世纪 80 年代以来，企业新的制造技术和战略方法的应用，如适时制造、看板管理、精益制造，全面质量管理等，使单个企业在其内部生产环节中通过降低制造成本来进一步增加利润和市场占有率的空间变得非常有限，而产品全生命周期中整个供应链的费用节约效应和价值创造功能，成为企业价值创造的新的增长点。

首先，产品全生命周期概念的提出，使经营者将目光从管理企业内部生产过程转向客户中心化的整个产品供应系统，把从产品的市场需求分析、工程设计、制造装配、包装运输、营销、到使用乃至报废的整个过程的优化作为一种战略的需要来加以整合。

其次，从价值创造的角度看，波特的价值链理论认为，价值链不但涵盖企业内部的所有能够为企业创造价值的活动和因素（内部后勤、生产作业、外部后勤、市场营销、服务等基本活动以及企业基础设施、人力资源管理、技术开发和采购等辅助活动），而且供应商价值链、企业价值链、渠道价值链和买方价值链构成了整个价值系统，没有一个企业的业务活动可以囊括所有的价值系统，因此企业价值链的整合与优化必须与企业外部的整个价值系统实现协调。

最后，从企业网络的角度看，产品只是满足客户需要的一个载体，由客户需求而拉动的整个供应链在恰当的时间、恰当的地点提供恰当的产品和服务成为市场竞争力的决定因素。企业网络通过供应链中不同企业的制造、组装、分销、零售等过程，将原材料转换成产品并提供给最终用户；通过虚拟企业中不同企业核心资源能力要素的整合，企业网络中的所有企业作为一个不可分割的整体，组成一个协调发展的有机的整体网链，更好地实现价值的协同创造功能。不同产业内的不同企业之间通过跨越正式组织边界的连接与合作而实现价值协同创造是整合性产业融合发生的基础动因。

研究整合型产业融合发生路径的关键是要说明企业网络主导者的发起机制、启动因素、整合策略和整合步骤。通过企业网络所形成的价值网络有价值星系、模块化簇群、价值网格等几种类型。虽然价值模块整合强调节点企业的能力协同以及节点企业价值模块意义上的自组织性，但是整个价值链的组建、整合、协调运作却需要企业网络的主导者（动态联盟中的"盟主企业"、虚拟企业形式下的"核心企业"、价值网络中的"网主企业"）来承担，具有独特市场洞察力和敏锐性的价值链整合就成为企业网络的主导者①。

---

① 俞荣建，吕福新.基于模块化与网络技术的价值网格[J].中国工业经济,2007(6).

　　企业间价值链整合的直观动机就是为了在瞬息万变的市场环境中抓住盈利机会,这种机会可能是显性的,也可能是隐性的,并具有时间约束性及效益风险性等特征,所以价值链整合商对市场机会的快速识别和把握是企业间价值链整合的启动环节。价值链整合商在捕获客户需求信息的基础上,通过和客户的进一步沟通和协调,形成价值网链整合的策略计划,这种策略和计划决定了整个价值网链的组织运转方式和效果。价值网链整合商对节点企业的选择集中体现了"只有第一,才能入围"的模块化竞争规则。整合商必须判断不同企业是否具有网链整合所需要的核心功能,评估该企业的敏捷性,努力找到不同企业资源之间的联系和互补性,界定和整合价值模块意义上的节点企业的功能。对合作企业的选择至关重要,因为网链的价值创造能力最终要取决于异构性的节点模块在网链范围内以客户为中心的动态配置水平和绩效。当合作节点企业确定后,网络协议规定了节点企业之间的权利义务、技术标准、功能标准、剩余分享、风险承担等契约条款,这类似于模块化运营中的接口标准和界面规则。在网络协议确定的基础上,围绕客户需要的研发、设计、制造、营销、服务等合作节点,企业以动态联盟或虚拟企业的形式展开应用集成,为客户创造价值。虽然这样的动态联盟或者虚拟企业之间的合作可能是长期的(在供应链中),也可能是一次性的,或者偶然性的(在虚拟企业中),其合作伙伴不一定固定,合作形式也会调整,但在企业追求经济租金的内在驱动下,作为主导企业的一种商业模式创新,这种价值网链的整合却具有一定的必然性。

　　整合型产业融合不是企业网络组建的目标,是企业网络在追求共同价值目标过程中的一种事实和结果。并且企业网络作为"组织"与"市场"之间相互渗透的中间组织形式,既降低了一体化组织内部科层组织的僵化与冗余,又降低了完全的市场协调所带来的较高的交易成本。作为"看得见的手"和"看不见的手"在一个组织网络中的共同作用,企业网络体现了企业组织形式在现代经济运行环境下的适应性调整,代表了现代产业组织形式变化的一个新的方向和特征,这是整合型产业融合所具有的符合经济发展规律的内在支撑。

第三节　产业分工深化的传统路径

一、分工理论的简要回顾

1. 马克思对分工协作的研究

在批判地吸收亚当·斯密分工理论的基础上,马克思强调了分工的极端重要性,他认为"一个民族的生产力发展水平,最明显地表现于该民族分工的发展程度。任何新的生产力,只要它不仅仅是现有生产力的扩大(例如开垦新的土地),都会引起分工的进一步发展"。将分工与协作联系起来,是马克思分工思想的重要创见。

(1)分工与协作能够产生一种集体力形式的生产力。与亚当·斯密不同,马克思认为分工提高劳动生产力的原因是分工组织所产生的协作力。"工场手工业同手工业活动的分解,劳动工具的专门化,局部工人的形成以及局部工人在一个总机构中的分组和结合,造成了社会生产过程的质的划分和量的比例,从而创立了社会劳动的一定组织,这样就同时发展了新的、社会的生产力。"通过协作创造的一种生产力,这种生产力本身必然是集体力。

(2)区分了社会分工和生产组织内部分工,并揭示了这两种分工的交互作用。社会分工不同于生产组织内部分工,但二者是同一问题的两个不同的方面。社会分工的劳动是相对完整和独立的,在资本主义商品经济中,以商品交换作为媒介实现其总体联系。而生产组织内部分工的劳动是单一的片面劳动,在生产组织内部,以资本家或管理部门的共同指挥作为媒介实现其总体联系。与此相联系,"在工场手工业中,保持比例数或比例的铁的规律使一定数量工人从事一定职能;而在商品生产者及其生产资料在社会不同劳动部门中的分配上,偶然性和任意性发挥着自己的杂乱无章的作用","在工场内部的分工中预先地、有计划地起作用的规则,在社会内部的分工中只是在事后作为一种内在的、无声的自然必然性起着作用,这种自然必然性可以在市场价格晴雨表的变动中觉察出来,并克服着商品生产者的无规则的任意行动"。生产组织内部分工以社会分工的发展为前提,其进一步发展依赖于社会分工体系的扩大;社会分工又是以生产组织内部分工的发展带来的劳动多样化,进而创造出新的生产部门而不断扩大的。

（3）分工的制度内涵。马克思认为分工不仅是单个企业的生产组织制度，也是整个经济活动的生产组织制度。同时，分工不是没有历史背景的生产要素组合，而是以特定的经济制度，尤其是以生产资料所有制为前提的，是所有制在具体生产组织上的反映。

2. 马歇尔关于分工的理论

马歇尔把因任何一种产品的生产规模之扩大而发生的经济分为两类：第一类取决于产业的一般发展，即外部经济；第二类取决于从事工商业的单个企业的资源、它们的组织以及它们的效率，即内部经济，并以代表性企业为例，从外部经济和内部经济两个方面，在工业布局、企业规模生产、企业经营职能三个层面分析了分工对报酬递增的积极作用。

首先，具有分工性质的企业在特定地区的集聚，可以由于协同的创新环境、共享辅助性工作的服务和专业化劳动力市场，平衡劳动需求结构和方便顾客等而获得外部规模经济提供的利益。

其次，企业的大规模生产通过"技术的经济""机器的经济""原料的经济"等内部经济可产生报酬递增。最后，私人合伙企业、股份公司、合作社等组织对职能分工的发展有利于企业家的形成，分散经营风险从而实现报酬递增，保持企业生命力。

进入 20 世纪以后，以马歇尔为代表的新古典经济学的研究视线逐渐从经济组织转向了制度既定前提下的资源配置，分工理论也就逐渐淡出了主流经济学。

3. 阿林·杨格的分工思想

阿林·杨格的经典论文《报酬递增与经济进步》，从分工、交易和市场范围的关系，重新阐发了亚当·斯密关于分工与市场规模的思想。

（1）递增报酬的实现依赖于劳动分工的演进。"迂回生产"造成原材料生产者和最终消费者之间插入越来越长的产业链条，此链条上每个环节中产品的种类数的增加造成了企业之间、产业之间更大的专业化协作效应和市场网络效应以及内生于这种循环积累过程中的技术进步，生产效率的提高和经济增长的原因正在于此。

（2）"分工一般地取决于分工"。市场大小决定分工，而且分工也决定市场大小。首先，分工的发展取决于市场规模。杨格认为，美国较高的生产率来源于较高的专业化分工水平，而美国不受关税壁垒束缚的广阔的国内市场是分工水平提高的原因。其次，市场规模的大小取决于分工。杨格指出

"市场概念在包容的意义上是与商贸联系在一起的生产活动的总和"，"根据这种广义的市场概念，亚当·斯密的定理可以改写为分工一般地取决于分工"。总之，市场与分工的作用是相互的，二者之间的正反馈作用才是经济增长的不竭动力。

（3）需求与供给是分工的两个侧面。杨格认为，"经济学家们为分析供求与价格关系所建立的框架……可能把注意力转移到本应看作整体的偶然或局部方面"，要全面地分析这个问题，"最简单的方法是从研究相互的需求的作用开始。……在报酬递增条件下商品竞争性地交换和生产时，……一种商品的供给有少量的增加，就会伴随着与这种商品相交换的其他商品数量的增加。某一产业的增长率是以其他产业的增长率为条件的"。供给与需求，是分工所引起的网络效应的两个方面，应该作为一个整体来考察。追求产业效率的提升，不能简单地只靠企业规模的扩大，还要考虑整个行业和相关行业的分工和专业化水平。

4. 斯蒂格勒的分工理论

杨格之后，主流经济学的研究核心依然是既定经济组织下的资源配置问题。但是，新古典分析框架的缺陷妨碍了经济学对现实生活的解释力，许多经济学家再次认识到分工思想的重要性。斯蒂格勒指出，观察产业的整个生命期，会发现占主导地位的其实是垂直非一体化。年轻的产业对现存经济系统来说比较陌生，它们制造产品所需的新材料只能由自己制造，它们还必须亲自劝导顾客购买它们的产品，必须自行设计、制造专业设备并培训员工。当该产业具有一定规模且前景看好时，专门的商业机构认为提供原料、产品营销、培训员工等就有利可图，于是分工得以发展。而当产业衰落时，变小的市场规模不足以维持原先的分工，这些产业又会被重新一体化。斯蒂格勒还对交易效率之于专业化分工和专业化水平之于企业规模大小的影响做了分析，并认为区域化是获得专业化利益的一种方式。

5. 以杨小凯为代表的新兴古典经济学的分工理论

以杨小凯为代表的新兴古典经济学关于分工和报酬递增的研究思路是：分工是一种制度性与经济组织结构性安排，能否实现高水平的分工与交易效率的高低有关。分工的演进扩大了市场规模，而市场规模的扩大反过来又促进了分工的发展，同时使交易费用上升，但只要劳动分工经济效益的增加超过交易费用的增加，分工就有进一步演进的可能。通过大量的关于分工组织的试错试验，人们可以获得更多的关于分工组织的制度性知识，从而选择更有效的分工结构,提高交易效率。分工可以增强人们获得技术性知识的能力,形成内生技术进步和经济发展。这种自发的演进过程可以描述为:在经济发展的初期,生产效率很低,人们只能选择自给自足。随着劳动技能的增加和生产效率的提高,经济开始逐步发展,人们可以承担一定的交易费用,通过交换各自的劳动产品,初步的分工和专业化开始发展。专业化的发展加速了经验的积累和技能的改进,生产效率进一步提高,经济发展加速,人们衡量专业化分工将带来的效益和增加的交易费用后,认为增加交易费用是值得的,就会对新的分工组织形式进行实验,这将进一步提高分工水平从而形成一个正反馈过程,使分工演进加速。

6.对分工理论的简单评述

马克思继承和发展了亚当·斯密的分工理论,创造性地将分工和协作联系起来,区分了社会分工和生产组织内分工,认为两者之间存在着动态的交互关系,认为亚当·斯密将分工的起源归结为交换是颠倒了因果关系。马歇尔延续亚当·斯密将企业内部分工等同于社会分工的观点,强调了社会分工及外部经济的自然增长是促进企业规模扩大的唯一因素,抽象掉了组织内部经济变化的作用。杨格论证了市场规模与迂回生产、产业间相互作用、自我演进的机制,使亚当·斯密定理动态化,从而超越了斯密关于分工受市场范围限制的思想。但是,杨格无法将他的思想数学化,因而,他的思想无法得到主流经济学的重视。斯蒂格勒用分工理论来解释生产的制度结构和长期经济增长之间的内在联系,从产业生命周期角度分析了"市场容量决定分工"这一命题的正确性。以杨小凯为代表的新兴古典经济学家力图应用超边际分析将亚当·斯密的分工理论和科斯的交易费用理论结合起来,建立了一个内生的企业制度演进理论。但是同亚当·斯密一样,杨小凯也混同了生产组织内部分工和社会分工的概念[①]。在杨小凯的分析中,在经济发展初期较低的生产效率下人们选择自给自足;随着经济的逐步发展人们开始选择分工与专业化。在这里与自给自足相对应的那种分工实际上是社会内部分工而不是生产组织内部分工,组织内部分工是生产力发展的产物,从社会内部分工到生产组织内部分工经历了漫长的经济社会发展历程。

二、劳动的社会分工与组织内分工

人类劳动的自觉性、目的性和社会性决定了其最基本的活动方式采取

①　刘辉煌.关于分工的经济学:历史回顾与近期发展[J].财经理论与实践,2004(7).

分工形式。所谓分工是指社会总劳动划分为互相独立而又互相依存的若干部分,与此相适应,社会成员固定地分配在不同类型的劳动上。分工是"不同种类的劳动的并存"。从人类劳动过程的发展历史来看,分工可以区分为自然分工和历史分工。自然分工是指基于人类性别差异的生理分工和基于自然环境差异的地域分工。历史分工是人类劳动在生产发展的过程中逐渐突破自然和生理对人类活动方式的限制而发展起来的分工形式,一般被称为社会分工。社会分工包括一般分工和特殊分工,一般分工是指各个劳动领域之间以及各领域劳动者之间的分工,比如大宗商品产业、手工业和商业的分工,后者是指各个劳动领域内部不同劳动部门之间的分工以及劳动者的职业分配,比如大宗商品产业内部的农、牧、渔等行业和农民、牧民、渔民等职业。社会分工的形成,使人类劳动成为"在社会中而且通过社会进行的劳动"。

　　在社会分工的自然状态下,劳动分工是在相对小范围的、分割的地点进行的直接的社会劳动。只有在社会分工的商品经济状态下,个别的局部劳动才因交换的作用而具有了内在的社会性。资本主义商品经济形态下的社会分工,不仅进一步扩展了一般分工和特殊分工,而且在劳动过程中产生了新的分工形式——资本主义生产组织内部分工。生产组织内部分工是指直接生产过程中不同工序和职能的划分,以及雇佣劳动者在具体工作上的职务分配。社会分工的劳动是相对完整和独立的,在资本主义商品经济中,以商品交换作为媒介实现其总体联系;而生产组织内部分工的劳动是单一的片面劳动,在生产组织内部,以资本家或管理部门的共同指挥作为媒介实现其总体联系。

三、产业分工是生产组织内分工社会化的结果

　　产业可以定义为具有使用相同原材料、相同工艺技术或生产产品用途相同的企业的集合。产业分工就是整个社会经济不断地分化为更多、更窄也更专业的产业领域的过程和状况。劳动的社会分工是人类劳动发展到一定历史阶段的结果,体现了人类的整体劳动在相互分离基础上的社会结合特性。劳动的社会分工实际上表现为不同层次上的产业分工,产业分工体现了人类劳动分工的社会性质。在社会经济发展的初期阶段,分工很不发达,社会分工表现为大宗商品产业、手工业和商业等大部类产业之间的分立和联系;随着社会经济的发展,尤其是资本主义生产组织的出现和生产组织内的分工的发展,社会分工日益表现为更加广泛领域里的多层次、系列化的产业分工。产业分工的深度、广度和结构,以及与此相联系的社会生产的专

业化水平,都成为社会经济发展水平的标志。产业分工的发展程度体现了社会分工水平的高低。

产业分工的发展表现为新产业的出现,新产业的出现是生产组织内部分工独立化、社会化的结果(这里暂时把促进组织内部分工发展和支撑组织内部分工独立化的市场规模条件设为既定)。产业分工与生产组织内分工的相互作用,就包含在分工的"内涵式"发展的演变过程中。从亚当·斯密到阿林·杨格,分工对经济效率提高的作用得到了充分的强调。"斯密定理"揭示了分工(亚当·斯密所说的分工实际上并不具产业分工的意义)发展的制约因素,杨格则用迂回生产方法的经济说明了"社会规模报酬递增"的分工效应。迂回生产的本意是使用人造的工具或机器,采用间接生产的过程,提高生产率,拉长产业活动的链条,从而使分工过程进一步发展,因此迂回生产的经济实质就是一种组织内分工环节不断的细化和深化、中间产品不断复杂化的过程。杨格指出,经济发展过程本身就是在初始生产要素与最终产品消费者之间插入越来越多的生产工具、中间产品、知识的专门化等生产部门,使分工变得越来越细;反过来分工的作用也就在于造成越来越迂回、越来越间接的生产方式,从而不断把更先进的、更专业的生产方式引入到生产过程中来,其结果是生产率的提高。就是在这种分工的"内涵式"发展过程中,随着市场范围的扩大,生产组织内部的分工使产业的链条越拉越长,每个生产链中中间产品的数量越来越多,当市场的规模足以支撑这些中间环节、中间产品的独立化和专业化时,原先的产业就分裂为更多、更专门化的生产部门,即产业分工进一步扩展。

四、产业分工深化

无论是社会分工还是生产组织内部分工,都具有提高劳动生产率的作用,但是分工对劳动生产率的提高取决于技术演进过程中分工的这两个层次不断相互作用的深化过程。

一方面,生产组织内部分工以社会分工的发展为基础,其进一步的发展依赖于社会分工体系的扩大所带来的市场规模的支撑。首先,社会分工的发展使市场需要急剧膨胀,在资本主义生产组织的生产能力无法满足市场需要时,才出现了某个部门的相当数量的工人在资本的指挥下结合而成的资本主义生产组织——手工业工场。其次,只有当社会分工体系的扩大具有足够大规模的市场支撑时,生产组织内部的分工才可能进一步细化、深化,并使生产组织内部分工从以手工劳动为主的分工演进到机器体系分工,进而演进到流水线作业分工。

另一方面,作为不同劳动领域分离的社会分工体系,社会分工的发展又取决于生产组织内部分工的发展和不断扩大。首先,从由生产组织内部分工带来的劳动生产率的提高来看,劳动生产率的提高使商品数量大增,在流通领域的扩大过程中使资本主义生产方式不断扩展其分工体系;劳动生产率的提高节省了社会劳动,从而使剩余劳动可以开发一系列崭新的生产部门,使社会分工体系不断扩展;劳动生产率的提高增加了剩余价值,剩余价值造成的消费需求和资本积累也使社会生产部门增多。其次,从生产组织内部劳动分工的特点来看,分工把劳动操作分解成不同的操作过程和操作环节,在生产规模扩大的情况下,原来同一产品的各个组成部分现在被当作相互独立的不同商品来生产,这些从商品组成部分中独立出来的新的商品,在其生产过程中还会发生类似的分离,在市场规模的支撑下,这种分离不断形成新的社会生产部门。生产组织内部从手工劳动分工演变到机器体系分工的过程,就是工业从大宗商品产业中分离和工业内部的社会分工体系不断深化和细化的扩展过程。总之,"现代工业从来不把某一生产过程的现存形式看成和当作最后的形式",生产组织内部劳动过程中建立在分工基础上的技术进步、技术创新和技术变革,在不断催生出一系列新的社会生产部门的同时,也进一步深化了生产组织内部分工的独立化和专业化。在生产组织内部分工和社会分工互动的演进过程中,产业分工不断发展并呈现出体系化和结构化的特点。

第四节　产业融合对产业分工的深化效应

分工和专业化是经济增长的源泉,迂回的生产方法使产业链条不断拉长,使每个产业链条上的中间产品或服务的数量增多。在技术进步和市场规模扩大的双重作用下,拉长的产业链条、链条上中间产品或服务的生产的独立化、企业化和社会化就形成了新的产业。产业本身的形成,是分工和专业化的结果,或者说,新的产业的出现,源自分工和专业化的力量。但是产业融合的发生,使产业之间分立的状况出现变化。在产业间技术融合、业务融合、价值融合以及产业政策相应调整的前提下,原来分立的产业之间出现了不同程度、不同形式的融合趋势。然而,产业融合并不是对传统产业分工路径的否定,相反,产业融合不断催生新的产业,成为产业分工的新路径和新起点。

一、产业融合的不同程度和不同层级

如果说分工的基本含义是由两个或两个以上的个人或组织去执行原来由一个人或组织所执行的不同操作或职能,那么融合的基本含义是由一个人或一个组织去执行原来由两个或两个以上的个人或组织所执行的不同操作或职能。从理论上说,存在分工的地方,就有可能存在融合。要考察产业融合对产业分工的影响,必须区分产业融合的程度和产业融合发生的产业层级。

(1)产业融合的不同程度。如果我们不仅把融合看作一种静态的结果,而且将其看作一个动态的过程,融合就不仅是一个从"完全分工"到"完全融合"的发展历程,而且包含着从"完全分工"到"完全融合"之间不同的进展程度和状态①。实际上,发生在现实经济生活中的产业融合现象,基本上处于部分融合的状态,两个或多个产业之间实现完全融合并最终消灭原有产业分工的情况还没有出现过,即现实中的产业融合只是处于部分融合的程度,"交叉""延伸""渗透""重合""合并""兼并""整合"等等是描述这种部分产业融合时最常见的词语。但是,很多研究者并没有对产业融合的程度做出区分。实际上,产业交叉、延伸、渗透都只是产业融合发生的不同状态和表现形式;交叉和延伸意味着产业之间的部分重合,渗透则强调了发生融合的产业之间的主导者和方向性。产业渗透融合总是发生在具有一定技术、增长率落差的产业之间,产业渗透体现了相对高级产业对相对低级产业的改造和提升。"兼并""合并""整合"更多地被用来描述与产业融合相关的组织变化。产业融合并不意味着产业分工的绝对抵减,而是意味着产业分工的深化和更高层次上的展开。

(2)产业融合发生的不同层级。发生在两个或多个产业之间的产业融合,造成原有产业之间技术、产品、业务、市场的交叉和替代,使原有的产业分工状态和竞争合作关系发生变化。但是产业融合对产业分工的影响程度和方式在不同的产业领域里各不相同。理论上来讲,在存在紧密替代关系的同一层级的产业之间,当产业深度融合之后的新产业部分或全部替代了原来的多个产业时,原有产业数目会减少,原有产业分工的范围会收缩。但是,在融合后的产业内部,也即新的产业层级上,分工和专业化仍然是产业效率提升的推动力量。而现实中更多的情况是,不同产业之间通过相互交

---

① 胡永佳.从分工角度看产业融合的实质[J].理论前沿,2007(8).

叉、渗透产生了新的产业形态,新产业和原有产业并行存在,并在一定程度上形成对原有产业的替代和补充,即新产业的出现使产业分工广化和深化。

二、产业融合催生新型产业形态

在分工与专业化经济效应的作用下,产业分工的逻辑是线性推进的。产业分工的历史过程和分工程度形成了一种树形的分工体系,即产业分工在迂回的生产环节和链条不断拉长的过程中沿着线性方向深化和细化,技术进步和创新发生在产业边界之内,分工与专业化的发展是新产业形成的推动力量。产业融合通过不同产业之间的技术交叉和功能渗透,不断催生新的产业;新产业的发展仍然要遵循分工与专业化的内在规律,产业融合使产业分工在新的产业层级上展开。从严格的意义上来说,两个或多个产业之间融合而形成的产业,具有和融合之前的产业不同的技术基础或产品属性,因而可以将其视为一种新的产业。在传统工业时代迂回生产的经济中,技术进步多发生在特定的产业边界之内,任何一项新发明、新技术、新工艺的出现,都可能带来一种产品的改良和更新或者一种全新产品的出现。前者引起原有产业的产品、技术创新,后者则代表一个新产业的诞生。传统技术进步和产业创新的路径如图 2-4 所示。但是,产业融合下的新产业,是技术进步发生在不同产业边界处的特定产物,是跨产业融合型新产业,如图 2-5 所示。

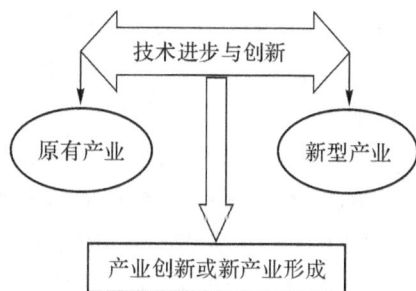

图 2-4　传统产业技术进步与创新路径

在图 2-5 所示的产业融合中,技术进步发生在原有不同产业的边界处,不同产业之间技术交叉、渗透所催生的新的产业 C,既不属于产业 A 也不属于产业 B,它融合了两种产业的技术和功能而形成了新的产业。这种新产业的形成过程就具有技术进步基础上的新的产业分工的意义①。这种形式的

①　周振华.信息化与产业融合[M].上海:上海人民出版社、三联出版社,2003.

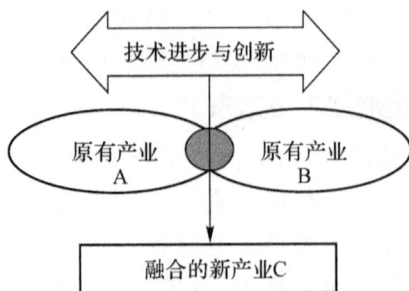

图 2-5 技术进步与融合的新产业

融合并不具有分工的反向运动的性质,"融合"只表示和传统分工、专业化基础上的技术的内生性相比,新产业的技术进步来源于产业之外。融合并不意味着新产业对原产业的替代或使原产业的产业空间缩小,相反,产业融合通过催生新的产业而使原有的产业体系得到扩展。比如,工厂化大宗商品产业的兴起,是先进的工业生产技术对大宗商品产业生产方式的改造和提升;生态大宗商品产业的出现,符合可持续发展的现代综合生态技术和理念,是对大宗商品产业内部不同子产业之间的整合和链接;大宗商品产业旅游的发展,是传统大宗商品产业的资源与服务业范畴的旅游业的经营方式、目标定位相结合而产生的新的大宗商品产业形态。

这些通过产业融合而形成的新产业,作为大宗商品产业内部新的生产方式或产业形态,推进了大宗商品产业分工的深化和现代大宗商品产业体系拓展;从产业发展和产业结构高级化的意义上看,这种类型的产业融合意味着技术和收入弹性相对高级的产业对技术和收入弹性相对低级的产业的渗透和提升,即融合型的新产业,总是代表着更高级的产业生产率和产出效率,从而代表着产业发展的方向。更大的产业领域内,很多新的产业形式的出现,都具有类似的性质。高科技产业领域中的生物芯片、纳米电子、生物制药等高新产业的出现以及现代制造业中光机电一体化技术和数控机床产业的出现,都具有产业融合催生新产业从而深化产业分工的性质。

三、产业融合与产业分工互动

产业分工的深化始终是经济发展的内在规律。分工和专业化所带来的内生技术进步和经济增长是产业分工不断深化、细化的理论支撑。产业分工是人类劳动社会分工的具体表现形式,社会分工既包括各个劳动领域之间以及各领域劳动者之间的分工,比如大宗商品产业、手工业和商业的分工,也包括各个劳动领域内部不同劳动部门之间的分工以及劳动者的职业分配,比如大宗商品产业内部的农、牧、渔等行业和农民、牧民、渔民等职业。因此,产业的范围既包括作为社会经济的各个劳动部门的大宗商品产业、手工业和商业,也包括某一劳动部门内部的次级产业,比如大宗商品产业内部的农、牧、渔等产业。产业分工使整个社会经济在产业的层面上结构化和体系化,产业分工的发展程度和产业的结构、发展方向与一个经济体的经济发展水平息息相关。从静态的角度看,产业分工的发达程度是一个经济体经济发展水平的标志,马克思认为"一个民族的生产力发展水平,最明显地表现于该民族分工的发展程度";从动态的角度看,产业分工的演进有其内在规律,不同的产业形成于不同的历史时期,出现越晚的产业,代表着越新的消费需求和越新的技术条件,因而具有更高的生产率和更高的收入弹性。一个经济体的产业结构的高度化,就是高生产率和高收入弹性的创新产业不断出现、逐渐替代和改造旧的产业部门的过程。产业分工的不断深化,始终是经济发展的内在规律。

产业融合是现代产业经济发展的新趋势和新特点。产业融合反映了与分工和专业化相联系的产业分立状态在现代经济条件下的相应变化。新的产业形态的出现和产业协作的内部化、网络化是产业融合的突出表现,产业融合反映了分立的产业之间由于技术进步、业务渗透、价值链整合所形成的一种融合、协作、协调的趋势和状态。产业融合是一个动态的发展过程,从融合程度来看,产业融合包括了从特定产业之间的分立到特定产业之间的完全融合的全部中间状态;从融合方式来看,产业融合既包括由技术的融合所造成的产业间生产方式和产出结果的趋同,也包括由经济服务化所造成的产业间分工的内部化,以及基于产业间核心能力整合、价值链整合而形成的企业网络。从这个意义上说,产业融合与产业分工反映了产业发展进程中的两种状态、特点和发展趋势。从经济发展的历史过程来看,产业分工的深化始终是产业发展的内在规律,产业融合反映了新的经济条件下产业之间延伸、交叉、渗透、协作、整合的一种新的关系状态。产业分工是产业融合的基础,产业融合的深度发展,使产业分工在一个产业层级上模糊、消失之后,在新的产业层级和新的产业方向上重新展开;分工和专业化的经济效益在产业融合与产业分工的依存和转换中不断得到深化和强化,产业融合与产业分工作为两种交叉互动的产业发展趋势共同推进着现代产业经济的发展。

第三章　大宗商品产业协同与融合机理

　　将产业融合理论扩展至大宗商品产业发展领域,探讨以产业融合推进我国现代大宗商品产业发展的路径具有重要理论和实践意义。本章在论述大宗商品产业的含义、特点及其内在发展机理的基础上,从大宗商品交易结构升级、大宗商品交易多功能性、大宗商品交易体系三个方面分析大宗商品产业协同与融合机理。

第一节　大宗商品产业特点及其内在发展机理

一、大宗商品的概念界定

　　国内外学者对大宗商品的研究颇多,但对于该概念的界定一直存在分歧,国外的研究文献只有商品(Commodity)的说法,而"大宗"一词在中国古代文言文中,主要是指交易金额大或者数量大,因而大宗商品特指交易量大或者交易金额大的商品,而由于商品(期货或现货)市场上交易的商品大都是标准化的商品,并且每一交易单位所代表的数量与金额较大,因此,大宗商品通常是指有固定交易场所的、规模较大的商品(期货或现货)市场的交易标的物。2003 年公布的《中华人民共和国国家标准》之《大宗商品电子交易规范》将大宗商品定义如下:大宗商品是指可进入流通领域,但非零售环节,具有商品属性用于工农业生产与消费使用的大批量买卖的物质商品。在金融投资市场,大宗商品指同质化、可交易、被广泛作为工业基础原材料的商品,如原油、有色金属、钢铁、农产品、铁矿石、煤炭等。大宗商品包括三个类别,即能源商品、基础原材料和农副产品,其中基础原材料包括金属产品和化工产品。在该标准中,大宗商品的英文名为 Bulk Stock。

二、大宗商品的基本类型及特征

大宗商品品种通常可划分为农副产品类、能源化工产品类、金属产品类等三大类,而每一类又包含若干种大宗商品品种。农副产品类包括玉米、大豆、小麦、稻谷、活猪、活牛、小牛、大豆油、可可、棉花、羊毛、糖、菜籽油等 20余种;金属产品类包括金、银、铜、铝、铅、锌、镍、钯、铂、铟等 10余种;能源化工产品类则包括原油、取暖用油、无铅普通汽油、丙烷、天然橡胶、PTA、PVC、LNG 等。随着大宗商品交易市场的发展及实体经济的需要,大宗商品的品种也在不断增加和改变,特别是农副产品类品种,目前黑木耳、松香、山茶油等也逐渐成为大宗商品品种。

总的来说,大宗商品一般具有以下特征:

(1)价格波动大。只有商品的价格波动较大,有意回避价格风险的交易者才需要利用远期价格先把价格确定下来。比如,有些商品实行的是垄断价格或计划价格,价格基本不变,商品经营者就没有必要利用期货交易,来回避价格风险或锁定成本。

(2)供需量大。期货市场功能的发挥是以商品供需双方广泛参加交易为前提的,只有现货供需量大的商品才能在大范围内进行充分竞争,形成权威价格。

(3)易于分级和标准化,期货合约事先规定了交割商品的质量标准,因此,期货品种必须是质量稳定的商品,否则,就难以进行标准化。

(4)易于储存、运输。商品期货一般都是远期交割的商品,这就要求这些商品易于储存,不易变质,便于运输,保证期货实物交割的顺利进行。

三、大宗商品市场基本内涵

大宗商品市场是基于电子交易市场而形成的一种市场类型,通常也称为交易所、交易中心、B2B 电子交易市场等。对于交易市场,国内外有比较明确的定义。Grieger(2003)认为交易市场是一个能够把众多的买家和卖家集中到一起的中心市场,该市场能使得买家和卖家之间以动态的价格进行交易,而价格的变化则由这个交易市场的规则及供需情况决定。我国则将大宗商品交易市场定义为衍生于传统现货商品批发市场(石晓梅、冯耕中,2003),将诸如食糖、粮食、钢材、煤炭等标准化程度高的大宗商品作为交易品种,在模式上实行行业垂直型(诸如 B2B)电子交易的市场。大宗商品交易市场是我国计划经济向市场经济转型的产物,是对我国资本市场结构体系的一种补充,可以说大宗商品交易市场的出现填补了我国商品现货和期货之间的市场空白(见图 3-1)。目前,我国期货市场的交易品种较少,进入期货市场门槛较高,而现货市场又过于庞大,许多商品不能实现标准化,大宗商品交易市场则在两者之间构成有益的补充,客观上促进了我国大宗商品价格形成机制的发展和完善,提高了资源配置效率。

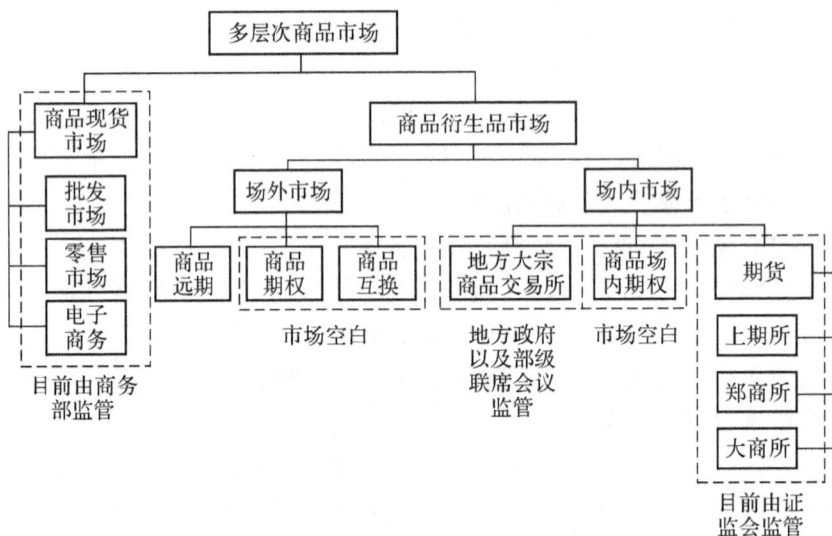

图 3-1 我国大宗商品市场体系

可见我国大宗商品交易市场类型较多,有的因为交易对象是生产所需的大宗原料,因而称作大宗商品交易市场、交易所;有的因为交易采用的技术是电子商务,所以叫作电子商务公司、网站;还有的是基于区域产业形态的集中,叫作交易中心、电子交易市场等。大宗商品交易市场囊括大宗商品交易、中远期、准期货、变相期货、电子交易市场、电子盘交易、大宗商品中远期交易市场等市场形态,因为难以统一,以至于国务院 38 号文中使用"各类交易场所",意在将所有类似市场一举囊括。大宗商品交易市场是一个系统体系。大宗商品电子交易市场已发展成为一个系统体系,通常是由交易商(商品供给者和商品需求者)、金融机构(用于购买商品支付、融资、保险和保证金监管等)、交割场所(用于商品存储、交割等)、交易场所和交易的组织者构成,是一个由各种关系组成的系统。

四、大宗商品交易平台概念及特点

大宗商品交易平台是基于大宗商品交易市场基础上建立起来的,有时又被称为电子商务平台。大宗商品交易平台通过现代化的网上交易平台进行专业化、规范化的运营管理,以商贸交易为中心,整合信息、交易、结算、物流等各个环节,将银行、货源、货主和贸易商等联结成一个庞大的系统,从而实现各种要素在交易平台上的集聚。大宗商品交易平台通常具有商品交易、商贸物流、财务结算、信息传播和价格形成等功能。

大宗商品交易平台具有系统性、标准化、规模化的特点。大宗商品电子交易平台是信息、交易、结算、物流等的集成,从这个方面讲,大宗商品交易平台具有较强的系统性。同时,实现电子交易产品的标准化是大宗商品交易平台的先决条件,只有产品的交易标准化才能简化交易环节,使交易具有公开性和公平性,提高交易结算效率,使交易对象、交易规模、交易流动性达到最大化,从这点看,大宗商品交易平台具有标准化特点。此外,大宗商品交易平台已实现了规模化。由于大宗商品是生产制造的基本原材料,因而其具有大贸易、大物流、规模化的特征。大宗商品交易的成交数量和成交金额都非常大,在全球贸易中,大宗商品以万吨和亿美元为单位成交,其中原油、矿石、煤炭是全球交易量和贸易量最大的品种①。

第二节　产业融合与大宗商品产业结构调整

产业结构调整是现代经济增长理论的本质特征,经济增长与结构变动之间存在着互动的机制。对产业结构变动的研究一般遵循着四种理论:第一,由日本经济学家赤松要提出的产业发展"雁行形态理论";第二,以英国经济学家克拉克为代表提出的以研究产业之间比例关系及其变化为宗旨的产业发展形态理论;第三,以美国经济学家里昂惕夫为代表的以研究产业之间投入—产出为宗旨的产业联系理论;第四,由美国经济学家库茨涅兹从产业结构变化角度提出的经济发展阶段性与演进规律理论。根据以上四种理论,工业经济时代产业结构变动的规律可以总结为:随着经济的发展,产业

① 例如,据国际能源署(IEA)公布的数据,全球 2013 年原油需求量达到每天 9000 万桶,到 2030 年将达到 1.154 亿桶。

结构的重心由第一产业逐渐向第二和第三产业偏移。

自20世纪中期以来,以信息技术革命为核心的新技术革命催生了崭新的知识经济时代。世界范围内产业结构最显著的变化就是在新科技革命的推动下,产业结构的重心逐渐向信息产业和知识产业等所谓的"第四产业"偏移,并逐渐建立起了以知识为核心的各产业之间的新关联关系。对于这种新的关联关系,研究者称其为"产业结构软化"。"软化"源于计算机软件,1981年日本的田地龙一郎教授等首次将"软化"一词用于经济领域,认为产业软化是历史潮流的重要组成部分,并建议创立与之相适应的"软产业经济学"[①]。目前的学术研究中,产业结构软化被等同为"产业结构知识化""产业结构高级化""产业结构服务化"。"产业结构软化"的一般含义是指围绕知识的生产、分配和使用,在社会生产和再生产过程中,体力劳动和物质资源的投入相对减少,脑力劳动和科学技术的投入相对增长。与此相适应,劳动和资本密集型产业的主导地位日益被信息、知识和技术密集型产业所取代。产业结构软化至少包括两层含义:第一是指在产业结构的演进过程中,软产业(主要是指第三产业)的比重不断上升,出现了所谓"经济服务化趋势";第二是指伴随着高加工度化过程和技术集约化过程,整个产业对信息、服务、技术、知识等"软要素"的依赖程度加深。换句话说,产业结构软化是指建立在知识与技术基础之上随着知识与技术的变化而变化的产业结构变革的过程。

从产业融合的角度看,顺次产业之间的交叉和延伸所造成的产业融合现象是显性的,比如1.5次产业、2.5次产业和3.5次产业。实际上,整个产业结构后向软化的过程,在很多方面具有产业融合的意义。在经济社会发展过程中,每一个相对的新产业的出现,都代表着更深层次社会分工所内生的更新的技术体系和更高的社会生产力,每一个相对的新产业对其以前的产业的后向软化,都是一种新的生产技术、新的生产要素、新的生产理念对其以前的产业部门的渗透融合。产业渗透融合在这里具有明确的方向性和产业落差意义。由这种新产业对传统产业的改造提升而引发的产业结构高度化,和纯粹由新产业的兴起而引起的产业结构高度化,对经济增长具有同样重要的意义。产业结构软化过程中的产业融合如图3-2所示。

---

① 马云泽.产业结构软化理论研究[M].北京:中国财政经济出版社,2006.

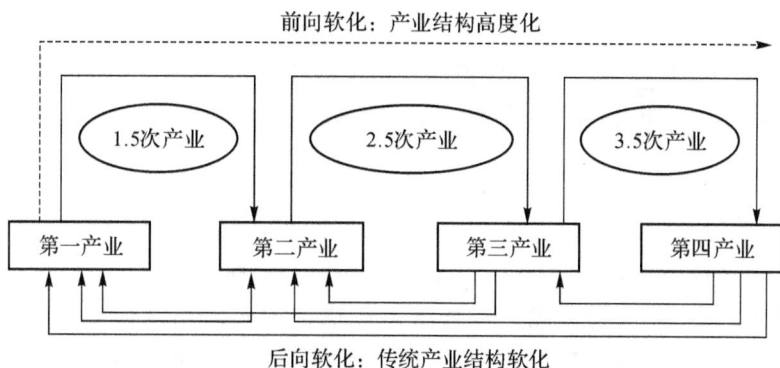

图 3-2　产业结构软化过程中的产业融合

　　在图 3-2 所示的产业结构软化过程中，我们可以发现产业融合不仅仅发生在图中所示的"中间"产业的形成过程中。实际上更普遍意义上的产业融合一共包括三个部分：第一，各产业内部不同子产业之间的融合（大宗商品产业内部种植业、养殖业的融合）；第二，产业间顺次融合所形成的中间产业（1.5、2.5、3.5 次产业）；第三，产业后向软化过程中的产业融合（大宗商品产业服务化、信息化，制造业的服务化、服务业的网络化，全面的经济信息化，等等）。

　　从产业结构的前向和后向软化过程中，我们可以从产业融合的视角分析大宗商品产业的发展机制：大宗商品产业之后的每次产业的后向软化的过程，都意味着大宗商品产业之外的新技术、新工具、新要素、新理念对传统大宗商品产业嵌入和渗透，从而导致大宗商品产业产出方式、产出结果、产出功能跨产业存在的产业融合现象。这种融合造成两方面的结果：第一，从产业属性看，大宗商品产业内部经过创新技术的注入和融合，改变了大宗商品产业的产出方式或产出结果，最终使大宗商品产业的产业属性向新兴产业转移。第二，从产业投入要素看，大宗商品产业内部传统的有形实物资源投入相对弱化，而信息、研发、咨询、管理、广告、人力资源、金融服务等"软"的无形投入比重相对增加，大宗商品产业生产经营过程中融入大量的信息、金融、知识等"软"要素因素，从而使现代大宗商品产业投入产出结构高度优化。

　　促使人类社会每一次结构性进步的新产业的出现和发展，都为大宗商品产业的发展提供了新的契机。所谓现代大宗商品产业，就是实现了和现代工业、现代服务业、现代信息业高度融合的大宗商品产业；就是融入了现代高新技术产业的一切先进要素，并使这些要素成为大宗商品产业效率增长源泉的大宗商品产业。

第三节 大宗商品产业协同与融合机理

大宗商品产业体系具有横向和纵向的发展维度。从横向上看,大宗商品产业体系的扩展与大宗商品产业功能扩展相伴随,表现为大宗商品产业从上游生产向下游终端消费领域的扩展,从而增加大宗商品产业幅度的过程。从纵向上看,大宗商品产业体系的深化是大宗商品产业链条拉长的结果,表现为价值增值程度的提高。从广义大宗商品产业价值创造和实现过程来看,大宗商品产业体系的纵向扩展是指大宗商品关联产业沿某一大宗商品产业产品、大宗商品产业项目的价值创造和实现过程不断前向延伸和后向延伸而形成的分工演进过程,以及不同环节、不同层级、不同产业领域的专业化主体之间的市场化连接方式和组织结构的不断完善。大宗商品产业体系的横向扩展是在技术进步和需求升级过程中大宗商品产业内部横向(产品、产业)分工深化而催生新产业的过程;大宗商品产业体系的纵向深化是大宗商品产业内部各产业、产品在经营过程中围绕价值创造和实现的全过程而展开的纵向分工深化和协作整合过程。大宗商品产业体系的横向扩展和纵向深化,是大宗商品产业融合在交易模式和服务模式上构建两个维度的不同表现形式(如图 3-3 所示)。

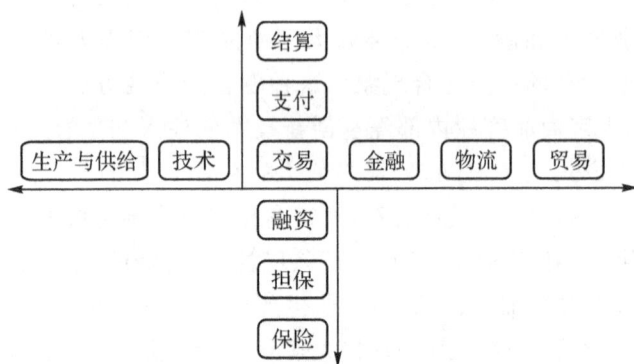

图 3-3 大宗商品产业融合解构

协同融合是我国大宗商品交易转型升级的大趋势,体现为两个方向:横向以交易为核心,逐步构建交易与金融、交易与物流、交易与贸易等跨产业协同格局(全产业链范式),催生了包括"供应链金融""物流金融""产业互联网""产业电商""第四方物流"等大宗商品经济新业态；纵向以交易为核心，逐步构建交易与支付、清算、融资、担保、保险、仓单、物流管理等跨服务协同格局（全流程服务范式），催生了包括"电子交易""O 交易""B 交易""第三方支付""第三方清算""资金管理"等大宗商品交易新模式。这些新业态、新模式构建了当前我国大宗商品交易转型的复杂性格局。

协同融合应重点把握好三个方面的基础性治理：

首先是电子交易市场治理。一直以来大宗商品电子交易市场至少在概念上被定义为现货交易市场，但因其在交易模式上部分采取了期货交易机制而被理解为某种"变相期货交易"或"准期货交易"，近年来虽然发展迅速（目前已成为我国大宗商品交易市场体系中的最大体量），其存在的合理性却一直备受质疑。但是成为学术界和政策层面关注的焦点，原因就在于其转型方向的不确定性。大宗商品电子交易市场转型必须坚持现货交易方向。

其次是金融化交易（或衍生交易）治理。大宗商品因其金融属性而被设计成为各种金融产品，以多种衍生品形式进入交易领域，从而发展出了一个广泛的衍生交易市场。理论上讲，衍生市场对提升流动性有益，但若治理缺失，其内含的隐性或潜在风险巨大。必须在坚持"宏观审慎，风险可控"的原则下予以充分引导。

最后是供应链协同治理。从供应链协同管理的效能来说，链条中各成员合作的一致目标是使整个供应链系统的利润实现最大化，而不是追求个体利润最大化。在这一大前提下，将大宗商品交易市场作为供应链激励协同治理的核心，增强协调性和竞争力，为全产业链客户提供高效便捷的服务集成，是实现供应链管理中各方利益最大化与整体利益最大化的最优路径。

第四章 市场结构转型与宁波大宗 商品竞争力提升

　　生产力发展水平的不断提高、社会分工的逐渐细化、信息技术的不断提高、对外开放的持续扩大和产业结构的不断转型是中国大陆商品交易市场结构转型的主要动力,同时市场结构的稳健转型及其竞争能力的有效提升也将对前几项发挥极大的促进作用。宁波具有发展大宗商品交易市场的海陆枢纽之地理区位和加工制造之实体产业依托的优势,但分权财政管理体制和地区 GDP 指标考核体制造成交易市场的投资不当——数量过多、高度同质和分隔运行,形成目前低水平重复建设的总体结构格局,导致行业整体交易清淡、风险高企。为切实增强产业发展的规范要求,面对浙江舟山交易中心和中国(上海)自贸区的现实挑战,本部分就行业的外部管理政策调整和内部组织结构优化,在战略制定、路径选择、机制设计等三个层面和发起动因、技术手段等两个维度,分别系统性地给出了适应性的行业联合对策建议,以实现行业的对内做大与对外做强,进而在新常态的"一带一路"倡议发展框架下为中国的大宗商品交易行业跨越式发展做出应有的贡献。

第一节　市场结构转型:交易竞争力结构观

一、市场结构演化的历史经验

　　商品尤其是大宗商品在国民经济中占据重要的地位,如农产品的必需性、金属矿产品的基础性和能源化工产品的战略性,关乎国家的经济安全和社会福利。凭借国际产业梯度转移下制造业的迅猛发展,中国已成世界第二大经济体。因此,对其交易市场的联合研究具有极为特殊的重要价值,现对相关文献做扼要述评。

实践中,我国大宗商品交易市场的演化发展,根据运行体制的不同,可以划分为以下三个主要阶段:一是从 1953 年至 1984 年的计划经济条件下的大宗商品流通阶段;二是从 1985 年至 1995 年前后的双轨制下的大宗商品市场建设阶段,期间极具中国特色的是 1987 年期货先于现货的率先推出;三是 20 世纪 90 年代中期以来统一市场的进一步开放发展阶段。最新的发展格局为,经过 2011—2012 年新一轮清理整顿,行业协会得以成立并发布自律公约,电子商务普遍引入大宗市场;2013 年大陆大宗电子类交易场所共有 538 家,处于运营状态的共 513 家。2015 年市场规模超过 1000 家,其中亿元以上商品批发市场近 6000 家,传统现货批发市场约 8000 家。如图 4-1、图 4-2 所示。

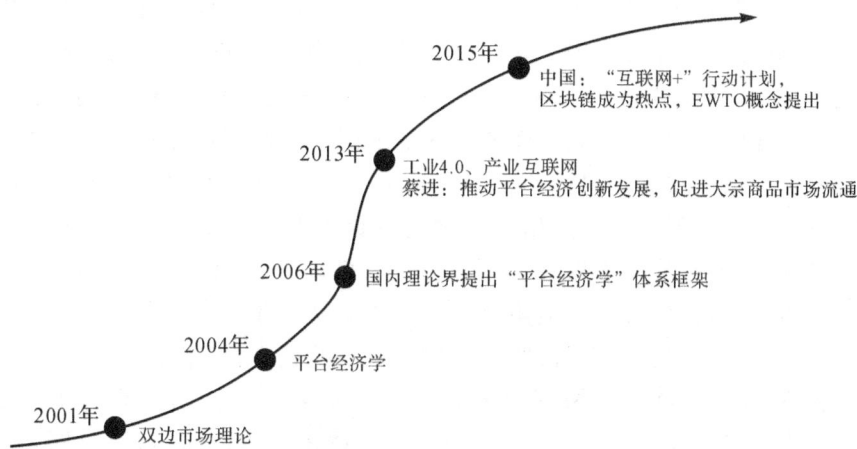

图 4-1　中国大宗商品市场发展历程(2001—2015 年)

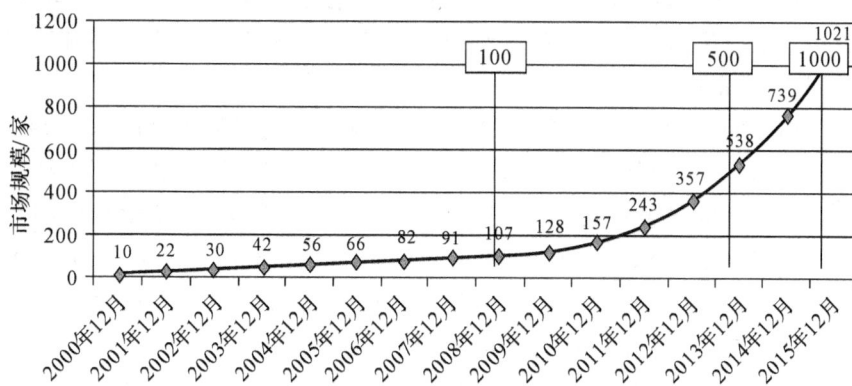

图 4-2　中国大宗商品市场发展规模(2000—2015 年)

　　据国家统计局统计,2015 年我国大宗商品交易额超过 12 万亿,交易品种涉及能源、煤炭、化工、纺织、有色金属、黑色金属、矿产品、医药、农作物等十多个领域,数百种之多。大宗商品的交易已成为中国现代商品市场流通体系的重要组成部分,在促进现货流通、降低物流成本、服务实体经济等方面发挥着越来越重要的作用。

　　理论上,关于大宗商品交易市场的结构转型,就总体规律而言,基于 A. Marshal(1932)提出的供给的规模经济性(主要是交易业务而非会员业务)和 J. Rohlfs(1974)提出的需求的网络外部性——规模较大的市场将给新加入者带来更多的收益,交易市场整体存在特殊的先动优势规律;就具体路径而言,G. W. Hoffman(1932)和 G. Blau(1994)坚持"标准现货→活跃远期→成熟期货"的三阶段常规发展路径,J. Williams(1997)则论证了跳跃式发展的逻辑可能,荆林波(2011)做了中国个案的拓展支持论证。关于交易市场之联合,就发展趋势而言,R. Lee(1998,2000)发现电报和电话的发明决定了交易市场的国内合并,成熟而廉价的电脑网络应用则使之走向国际舞台,联合的重心正从欧美转向亚太,P. Kotler(1967)和 F. Ming(2000)等提出的对口或利基市场理论对此给出了合理的逻辑解读,R. A. Mundell 对欧元进行了系列研究并倡导实践予以全面推进;就联合绩效而言,根据施东辉(2011)的研究,联合市场的优势主要体现在交易而非客户业务上,可能导致"马歇尔冲突"即市场势力,依照朱相诚(2013)的总结,基于市场之间关联的密切程度,交易所联合由松到紧地涵盖交易对方的产品、开放对方的会员、参与对方的股份和彻底合并为一家交易所;就研究方法而言,周章跃、万广华(1999)给出了系统的梳理,认为除了 Lele(1967)的方法和方差分析法之外,还有相关分析法、Ravallion 模型法、共聚合法及 Parity bounds 模型法,新近引入的方法有 DEA(数据包络分析)、Grange 检验、ECM 模型和改进的 ARCH 模型等。

　　具体到我国大宗商品交易市场,就分隔状况而言,陆铭、陈钊(2009),范子瑛、张军(2010)和陈宇峰、叶志鹏(2014)等认为市场分割的动因主要是财政分权和产品的异质性,进而导致 GDP 锦标与地方保护,吴意云(2011)发现我国市场分隔的程度是内地高于沿海、省内高于省际的;就未来发展而言,洪涛(2008)和周旭(2014)等预测大宗商品交易市场的大型化是未来发展的必然趋势,唯此方能对抗欧美定价权,范子瑛、张军(2010)基于分权体制,给出了经由上一级财政统一转移支付补偿的联合思路,郭骊、陈少强和孙艳丽(2010)提出通过交易商品的标准研究与实际应用,凭借市场竞争的自发力量,来推进市场联合的外部路径,盛斌、毛其淋(2011)认为市场联合对内地要素生产力存在显著的积极效应,刘再起、徐艳飞(2013)发现市场联合可以缩小省际经济增长差距。

二、市场结构发展的未来趋势

根据施东辉(2011)等的梳理,关于产业组织形态,商品交易市场的发展历经了偶然的分散交易阶段、固定的会员组织阶段和现代的公司制度阶段,在技术上存在由需求的网络外部性和供给的规模经济性所共同决定的"先动优势"规律。然而,无论怎样,市场的产出——交易服务越来越凸显其作为公共产品的属性,市场组织越来越具有公共机构的性质,利润来源也逐步地从交易业务转向信息服务——数据的收集和咨询业务。

借鉴胡逾越(2013)等权威专家的研究,可以将大宗商品交易市场结构的未来发展趋势归结为以下五个主要方面:一是规模化即横向联合。最为典型的案例是2008年芝商所集团(CME Group)的合并成立,而美国作为世界最大的经济强国,鉴于其目前的以三大交易所代表的多层次、分散分割的行业结构,该市场自发的合并行为无疑对中国具有重要的借鉴意义。二是专业化。伦敦金属交易所(LME)是杰出的代表——英国既非金属矿产品的主要储藏地,亦非加工制造国或者进口大国,但是凭借历史形成的市场优势,伦敦金属交易所占据了世界市场70%的份额,拥有最大的定价权。三是集成化即纵向整合。同样是伦敦金属交易所,依托完善的交易品种,组织了从采掘、冶炼到制造的完整产业交易,吸引了包括生产者、消费者和投机者在内的各类潜在客户。四是电子化即互联网化。现代成熟、廉价的电脑网络技术不仅在很大程度上改变了商品交易的技术形式,同时也极大地改变了商品交易本身,如在改变了数据的存储和传输形式、交易的时空限制的同时,也催生了新的交易模式。五是国际化即对外开放。2012年香港交易所(HKEx)成功地收购了伦敦金属交易所(LME),这在相当大的程度上打破了商品交易所的主权教条,实现了迄今为止的最大突破。此前芝加哥交易所(CME)和伦敦金属交易所(LME)在世界各地开发了诸多会员。

受上述案例的启示,加之有效整合的舟山市场和全面创新的上海市场,以及中国商品流通行业加入世界贸易组织过渡期的结束和外资进入批发行业步伐的加快等,把国内市场推进到了整合提升的关键时期,区域联合已经进入实质性阶段。多年来国家致力于多层次的统一市场体系建设,国有企业和传统产业的介入将促进市场与实体经济的结合。2014年新华大宗托管兰溪汇丰和 2015 年青岛港大宗的股权转让表明,新一轮的整合浪潮已经来临。就市场的组织结构而言,参照胡俞越(2010),彭俊衡、杨迈军(2012)和张志刚(2014)等人的权威研究,可以认为目前中国大陆大宗商品交易的各层次市场发展并不协调。因此,可以考虑将各家交易所网络互联互通,以整合有竞争力的同类市场向资本市场迈进,走规范发展与超常规发展相结合的跨越式发展之路;同时,凸显市场的公益性质,实行内外贸易的并行开拓。

三、商品交易市场竞争力评价

在理论标准上,几乎所有的研究均认可市场在现代资源配置中的基础作用与核心地位——引导结构优化、促进产业升级,决定经济发展和国家安全,因而兼具商业和公益属性。主流认为不存在帕累托改进的最高完全竞争市场效率,但是 R. H. 科斯(1937)在给出了交易成本概念的同时(马歇尔、J. B. 克拉克和奈特亦做出了贡献),也为市场效率的度量提供了重要指标;E. F. 法玛(1970)依据价格对于信息的反应程度,提出市场效率的三分法——弱式有效、半强式有效和强式有效,S. 维斯特和 R. 泰尼克(1976)进而将其细分为内部运转效率和外部定价效率;市场效率的改进可以沿着 K. J. 阿罗(1964)主张的完整市场标准以及 J. 丁伯根首倡的规模经济原理来实现,并达到 L. 瓦尔拉斯(1874)一般均衡状态。

鉴于完整市场理论和可竞争市场理论的特殊重要地位和作用,现拓展说明如下:一是可竞争市场理论,又称可竞争性理论。该理论形成于 20 世纪 70 年代末 80 年代初,是在解决完全竞争市场理论缺陷的过程中产生的,主要贡献者为威廉·鲍莫尔、潘扎尔、威利格和贝莉等。微观经济学和产业组织学的可竞争性理论在研究对象上基本不存在传统差别,它研究可竞争市场中的所有市场结构的内生决定、行为和绩效,使我们认识到垄断并不必然导致福利损失。相反,可竞争市场理论证明,在一定的假定条件下,可维持性与拉姆齐最优一致,所以,在可竞争市场的垄断均衡中,厂商能在其财务可行性约束下,实现福利最大化。在沉没成本为零从而可以"无损失退出"或采用"打了就跑"的策略时,它能够在一个统一的框架中解释完全竞争所不能解释的现象,因而是一个更一般的理想基准。该理论不一般地反对政府干预,较好地协调了"马歇尔冲突"问题。二是完整市场理论。K. 阿罗(1954,1964,1972)、G. 德布鲁(1954,1959,1983)和 L. 麦肯齐(1954)为该理论的发展做出了重要的贡献并将其成功运用于一般均衡理论。该理论的市场假定条件主要有两个——交易成本是可忽略的,所有可能状态下每种资产都是有价的。因此,未来全部潜在交易都可以用现有资产无摩擦地构建而成,此时的市场结构是最优的。如保险市场上代理人能够通过购买保险合同来自我保护以对抗未来任何时间、状态下的风险。因此,商品交易市场的适当品种推出是必需的。

在具体技术上,可资依赖的一级指标主要有三个:一是外部环境竞争力指标,涵盖的二级指标有国民经济规模、金融体系质量、本国货币的国际化程度、利率和汇率的市场化程度以及市场管理体制;二是经营绩效竞争力指标,具体的二级指标为市场规模、市场效率(内部运转效率、外部定价效率)、全球行业地位和盈利能力;三是核心竞争力指标,备选的二级指标是交易产品、技术与系统、产业整合、组织与管理。

虽然中国大宗商品的交易数量、活跃程度已经走在世界的前列,但其运行效率与欧美差距极大,拥有的国际话语权很小。在国际方面,作为国际运量 40% 目的地的中国却只有 9% 的定价权,流动资产年度周转次数为 2.9次,远低于日本和德国的 9～10 次。

第二节　宁波大宗商品交易市场竞争力结构解析

一、宁波大宗商品交易竞争力存在的问题

宁波发展大宗商品交易市场具有海陆枢纽——宁波—舟山深水良港、发达的国际贸易、强大的临港经济之综合依托优势,市场的健康发展将推进国家物流节点城市建设、加快产业结构的调整升级、提升城市经济的发展质量。因此,推动市场的进一步发展、打造特色贸易中心品牌成为城市经济发展的重大议题。目前宁波市场存在如下三个主要问题。

1. 发起组织不规范

仅宁波市范围内,就有宁波大宗等 13 家交易所。从整体上看,除钱塘有色外,其他交易所均为少数国有开发投资企业控股,主要市场的交易品种偏少且高度重合,实行单一的行政监管方式,造成了行业的内在缺陷。现将代表性的宁波大宗商品交易所(甬商所)的组织结构与浙江舟山大宗商品交易所(浙商所)进行比较,如表 4-1 所示。

表 4-1　宁波、舟山代表性大宗商品交易市场结构的比较

交易市场	组织结构		交易品种结构
	内部持有结构	外部空间结构	
宁波大宗商品交易所（甬商所）	宁波开发投资集团有限公司、宁波市国际贸易投资发展有限公司、宁波港集团有限公司	宁波大宗、镇海化工、余姚塑料、华商商品、钱塘有色、渤海大宗、大越建材、宁波航运等 13 家	铜、PTA、PVC、白银、LNG、皮革和黑木耳
浙江舟山大宗商品交易所（浙商所）	舟山港务投资发展有限公司、舟山市国有资产投资经营有限公司、武钢集团、沙钢集团、中国国电集团、光汇集团、温州港集团	舟山大宗商品交易中心——浙江舟山大宗商品交易所、浙江船舶交易市场、舟山水产品交易中心	煤炭能源（3）、金属矿产（5）、农林牧渔（8）和石油化工（5）

资料来源：相关大宗商品交易所的官方网站。

需要特别说明：一是甬商所建立之初至 2012 年仅推出 3 个品种，表中所载为截至目前的实际推出状况；二是宁波开投、宁波国投和宁港集团 3 家的出资各占注册资金 2 亿元的 60％、30％和 10％；三是宁波市内的行业结构及其与舟山的竞合关系增强了本书研究的一般借鉴价值。

2. 运营治理效率低

缘于组织结构的先天缺陷，受财政补贴和行政考核的影响，宁波市场普遍缺乏内在创新动力。代表性的宁波大宗市场目前才有 7 个品种，而舟山大宗市场已有多达 21 个品种；就不同市场的差异发展而言，囿于相同的实体产业依托，主要交易所的交易品种相似，如此必然加剧内部的资源浪费与恶性竞争（见表 4-2）。

表 4-2　宁波市部分大宗商品交易市场的品种比较

主要交易市场	目前推出的交易品种
宁波大宗商品交易所	阴极铜、对精二甲苯（PTA）、聚氯乙烯（PVC）、白银、液化天然气（LNG）、牛蓝湿革和黑木耳
浙江余姚中国塑料城网上交易有限公司	塑料（尤其回收塑料、特种塑料）
镇海液体化工产品交易市场	各类液态化工原料
宁波华商商品交易所	石油、化工产品、有色金属、黑色金属、煤炭、矿产品、农产品、纺织原料

资料来源：相关交易所的官方网站。

3. 市场运转绩效差

虽然宁波大宗市场和舟山大宗市场有相同的港口条件,都拥有海陆联运的地理便利和实体产业的支持,但宁波大宗市场在 60 个最初交易日内的总成交量不及舟山大宗市场(182.2 亿元)的 50%,如今的差距更大,而后者注册资金仅为甬商所的 50%。宁波市场远未实现应有的外部市场绩效——降低交易成本、提升配置效率以引导实体产业,塑造可持续竞争力、打造区域定价权(见图 4-3)。

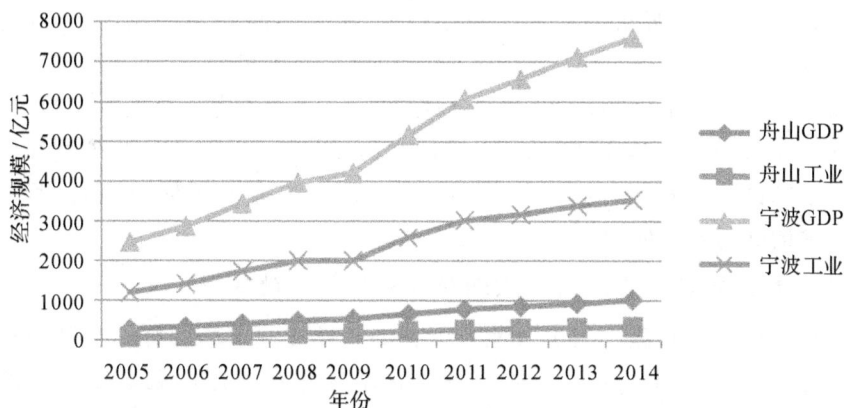

资料来源:浙江省统计年鉴(2006—2015 年)。

图 4-3　宁波、舟山大宗市场的相关经济规模比较

根据何辉(2011)等的观点,大宗商品由于流通环节过多,导致流通效率偏低,库存偏高,成本巨大,资金占压严重。据国家统计局统计,2011 年我国工业企业流动资产周转次数为 2.9 次,远低于日本和德国 9～10 次的水平,这导致我国规模以上工业企业存货率约为 10%,远高于西方发达国家 5%的水平,全社会物流总费用占 GDP 的比例高达 17.8%,是发达国家的一倍多。如果能将我国社会物流成本占 GDP 的比重降低 1 个百分点,在货物运输、仓储方面节能降耗,将可为我国国民经济增加 4700 亿元的效益。如果能将规模以上工业企业的存货率降低一个百分点,将节约 8500 亿元的支出,相当于 2011 年包括石油、石化、钢铁等半数工业行业在内的年利润额总和。如果能将工商企业的流动资产年周转次数提高一次,则相当于增加近 20 万亿元的流动资产,不仅将显著提升我国工商企业的经营实力与效益,还将显著缓解我国货币供应的紧张程度,提高货币流通效率。

二、宁波大宗商品交易竞争力问题的结构解读

导致目前宁波大宗商品交易行业数量过多、分隔运行、品种重复等问题的原因是多方面的,现从政府的管理体制、组建方式和环境的支持培育等三个方面分别解析如下。

1. 管理体制存在财政分权和 GDP 锦标的先天不足

财政分权提供了各地大宗市场重复建设的可能前提,地方官员考核的投入型 GDP 锦标体制则成了市场低水平重复建设的现实动力。根据已有文献,交易市场是服从供给的规模经济性、需求的网络外部性,整体的先动规律的。因此,不尽合理的管理体制或许应为目前的制度锁定格局承担制度设计"原罪"。不仅如此,GDP 锦标体制的循环还决定了市场的定位错误。须知交易市场应以提高交易效率、降低交易成本为宗旨,其商业盈利属性应从属于社会公益属性,至少,其盈利应基于服务内容的延伸与项目创新,而非简单的交易费用收取。

2. 组织建设存在政府建设越位和服务缺位的问题

经由行政体制建立的少数地方国有企业投资的市场所有结构和由地方各个行政管理部门人员组成的市场监管结构存在一定问题。以甬商所为例,依前文所述,其股东系 3 家国有企业且数量不平衡,如此极少数量、单一国有身份和持有数量悬殊的股东结构无疑抬高了市场的内部控制风险、难以保障其内部高效管理与外部积极创新;鉴于单一的国有股份结构,由相关行政管理部门人员组成的交易所管理委员会也就难免有同义循环之嫌,不能很好地保障监管的独立性和专业性。反观运转良好的浙江舟山大宗商品交易所,其股东结构涵盖舟山、浙江、浙江省外的国企与民企,数量多达 12 家,持有结构显然更为合理。

3. 环境培育存在行政服务效率偏低和行业协调问题

宁波市政府虽先后发文如《关于对各类交易场所进行清理整顿的通知,甬政办发〔2012〕44 号》和《关于加快我市大宗商品交易市场整合与发展的建议,甬政办发〔2013〕56 号》,但内部政务的管理和服务创新调整却相对滞后,市场环境较不成熟。相形之下,义乌于 2015 年就已印发《义乌市商事主体"五证合一、一照一码"登记办法(试行)》,舟山则更早首创集交易、信息、通关、航运、金融和政务等六大服务于一体的"一站式"服务,中国(上海)自由贸易实验区在 2013 年底即在政务创新的基础上,以创新取代优惠,在符合国际惯例的前提下开拓会员。

第三节　宁波大宗商品交易竞争力结构提升

一、宁波大宗商品交易一线市场的改进

中国商品流通行业入世过渡期的结束和外资进入批发行业的步伐加快把国内市场推进到整合提升的关键时期,区域联合已经进入实质性阶段,国有企业和传统产业的介入将促进市场与实体经济的结合。1993 年欧盟(EU)、2008 年芝商所集团(CME Group)的合并成立以及 2012 年香港交易所(HKEx)收购伦敦金属交易所(LME)等事件提供了有力的境外案例支持,同时,有效整合的舟山大宗商品市场和全面创新的上海市场给宁波大宗商品市场带来了现实威胁。2014 年新华大宗托管兰溪汇丰和 2015 年青岛港大宗的股权转让表明新一轮的整合浪潮已经来临。

因此,发展宁波市场的有效对策之一是尽快推进各市场之间的有机联合,实现高效的规模经营。宁波市政府曾在 2012 年发文,明确提出加快市场的整合兼并——通过政策和股权手段,以甬商所和余姚塑料城为龙头,整合周边市场,以北仑为中心,整合大榭、保税区以及镇海的交易市场,促进"三位一体"港航物流服务体系,但时至今日尚无实践举措。本研究拟依托最新的理论成果,借鉴海外经验,考虑宁波的特殊因素,从战略制定、路径选择、机制设计等三个层面,系统构筑宁波各个市场走向有机联合的高效操作对策体系。

二、宁波市场联合的对策体系

上述理论研究和实践发展都表明,未来宁波大宗商品交易行业发展方向的科学定位,首要的应当是走规模化即横向联合之路,同时兼顾专业化、集成化(纵向整合)、电子化和国际化。系统的对策建议如下。

1. 制定合理的战略目标以发挥市场的最佳效能

理论研究和海内外实践表明,唯有对内做大,才能对外做强。依据宁波市场发展的潜在优势,可将市内各地 13 家市场联合的总体战略目标制定为:以宁波大宗为核心平台,通过制定战略联盟协议,在短期内技术平台相互接通、中期内会员资格和交易品种彼此开放到长期内相互参股直至彻底合并为一家综合性交易所,走跨越式发展之路,以实现对内提高综合实力、对外打造区域竞争力。联合宁波市场的总体战略可以进一步分解为四项职

能战略:一是技术平台的互联互通,二是股份结构的合理优化,三是治理结构的规范调整,四是监督管理的全新构建。无疑,政府政策和股权改革是市场联合的必要手段和基本抓手。

需要特别指出的是,大宗商品具有特殊的必需性,如农产品;基础性,如矿产品;战略性,如能源化工产品(二者还具有特殊的数量稀缺性和分布的不均匀性),对社会福利具有重要的决定影响。而根据国际证监会组织(IOSCO,2000)、S. Akhtar、N. A. Markman 和 W. Pearson(2002)、施东辉(2010)等的研究,交易所存在商业和社会利益的客观冲突,因此联合之后的交易所应服从公益属性前提下的商业属性,首要定位于公共机构,应特别关注其在第三轮国企分类改革、分类监管中的具体定位,而不应放任其商业冲动。行业公益性和商业性之间的平衡可以通过国家持股、交易章程、行业监管和多元股份调控等方式维持。

2. 选择高效特色的实现路径以助推市场的跨越发展

为实现宁波的上述市场联合战略目标,建议选择政府引导——规划引导、基础建设和市场机制——兼并收购相结合的居间发展路径,进程中注意区分不同行业、品种和主体,走跨越式的发展道路,尽量减少甚至完全规避成熟市场自发演化的漫长时间成本和新兴市场自觉主导的高昂试错成本。

纵观海外成熟市场的演化经验,如 G. W. Hoffman(1932)和 G. Blau(1994)的归纳,发现多数市场经历了"标准化现货→活跃的远期→成熟的期货"的一般路径。然而,部分新兴市场如马来西亚甚至瑞典的经验表明,经过政府科学、系统的规划和引导,乃至直接的主导参与,实现商品交易市场的跨越式联合发展是完全可能的,理论依据如 J. Williams(1997)的研究。

成熟市场的成功经验主要源于漫长的自发演化,如 CME Group,其现有市场结构可以作为宁波制定战略目标的经验借鉴,但必须注意到中外市场环境,尤其是管理体制的巨大差异。部分转轨顺利和转型成功的新兴市场在行业联合方面自觉进行了积极探索,如马来西亚由政府直接组建市场、瑞典政府促进行业联合,这提示宁波实现市场联合过程中政府的特殊重要地位和功能。

3. 设计针对性操作机制以确保联合的实践可行

第一,充分发挥政府的组织发起功能以便形成有效的直接动因。需要成立由市委、市政府全面支持、统一协调的,由商务部门具体牵头的,由发展改革委员会、国有资产、工业化与信息、城乡建设、交通运输、工商税务、财政金融、统计等部门分工参与的联合工作机制,特别关注不同部门之间在市厅一级的横向协调和单个部门内部对下属机构的垂直领导。

在市场环境相对不成熟、市场机制相对不完善的条件下,政府恰当参与市场联合可以发挥该行业的"后发优势"。况且,目前市内市场数量众多、品种单一、彼此分割恰恰是财政分权、政府创建的结果,绝大多数交易所由少数国企持有。因此,利用其特殊权威,将市政府定位为组织发起者恰如其分。政府的功能主要体现在规划引导、监督管理、配套服务,甚至直接参与建设等方面。

为此,政府需要首先深化大部制改革,具体做法为:明确部门职责,加强部门衔接,努力为市场联合提供高效的"一站式"服务——可以通过全市范围内的财政转移支付、研发与商品标准推广,积极为市场联合创造良好的外部环境,亦可通过持有的股份间接发挥联合的内部促进作用。政府的主导地位、发起功能和有序退出一线业务与发挥市场的基础地位并行不悖。

第二,恰当变革市场的股份持有结构将是贯穿始终的核心做法。宁波市内的各家交易所亟须实行股份多元化改革,在初始阶段保持国有股份占据主体地位的前提条件下,注意逐步引入海内外战略投资者,以有效提高治理的专业化水平、维护业务发展的稳定性;引入非国有股份,利用其密切的利益关注,以增强市场创新的内在积极性。如此,客观上也为市场联合创造了前提——市场间效率差异引起多元化转让的股价涨跌,从而使市场被动地优胜劣汰,或者主动地彼此参股甚至彻底合并。

目前宁波市各个市场几乎都是在政府推动下组建的,由于缺乏所有者利益的有效关注,单一的国有股权属性、过少的股东数量和国企僵化考评机制是导致市场绩效低下的根本原因。在股份多元化过程中,初始占据控制地位的国有股份转让应遵循方向性和渐进式安排,交易所可以追求适当的利润,但必须以公正、透明、高效为前提。随着市场的日益成熟,国有股份的有序退出将为优化资本结构带来便利——国家控股是公益属性的保障,多元股份将推进基于商业利益追求的创新活力。条件成熟之际,不排除上市公开交易的可能性。

应当特别关注行业协会的独特功能。行业协会应与一线市场紧密联系,行业协会发挥着人员培训、交流学习、行情研发和纠纷仲裁等重要的服务与管理功能,为各个市场提供一个彼此沟通的联合平台。

第三,安排适当的技术保障。一是市内平台的互通开放,实现各个市场技术系统平台的互联互通。具体地,可由市级财政统一出资,相关部门组织研究开发或招标购买技术系统,折价或无偿转让给各家市场,市场受利益驱动将自发互联,政府亦可提出倡议甚至强制实施。

政府提供的技术系统应注意其运转的稳定性、高效性、灵敏性以及容量的可扩展性、端口的兼容性和功能的可升级性。技术平台的互通便利了参与者在不同市场之间的网上转移,页面标准化降低了信息搜寻成本,强化了套利者对不同市场的比较和选择,将加速市场的优胜劣汰。

在平台互通的基础上,政府还应推进不同市场之间会员和品种的对等开放,以达到规避恶意竞争、稳定市场秩序的目的。作为重要的市场资源,合格的会员与成功的品种是有价资源。建议品种开放遵循从重复品种、关键品种、重要品种到利基品种的渐次路径。会员和品种的对等开放使得各个市场面临相同的外部环境,迫使每个市场强化管理和创新,行业竞争将加速分化和收购兼并。

二是内部市场的股份整合。在政府政策的外部行政直接主导和国有股份的内部决策间接参与力量的联合作用下,在市场各自股份多元化的基础上,逐步实现各个市场之间的相互参股,进而最后彻底合并为一家交易所。许多发达的小型经济体,如香港仅存一家交易所的经验为此提供了证明,但早期的伦敦交易所拒绝泛欧交易所的联合导致被边缘化则是反面案例。

数量众多的分割市场格局并非缘于市场规律或社会最优目标,而是财政分权、GDP锦标和政府补贴的结果,行业整体绩效表现为对内缺乏效率、对外缺乏竞争力。彻底合并之后,规范的现代公司治理可以使市场分流出多余人员,有效降低业务成本,壮大市场创新能力。目前青岛港大宗的股份转让已成现实。

单一市场将产生四个方面的积极效应:(1)收益增长效应。缘于交易业务显著的规模经济性,重复品种的收益将进一步提高,微利甚至亏损品种亦变得商业可行。(2)规范治理效应。经过人员和部门的优化与规范,市场的创新能力得以提高,可通过业务拓展,如数据服务、会员开发来带动实体经济,打造新的收益增长点。(3)内部自律效应。在股份多元化和完善的部门、人员及经费安排的条件下,短期过分的投机逐利行为将会得到有效控制。四是外部监管效应。随着市场的逐步集中,外部有效监管所需的信息减少、搜寻成本降低,监管资源变得相对丰富。

三是外部市场的相机竞合。在市内市场联合的同时,注意处理好与市外市场之间的联合关系,如与比邻的舟山市场的相机竞争与合作。在做大做强市内市场的同时,率先开放舟山市场的会员和竞争性品种,主动与之竞争。在积极参股上海市场的同时,加快开发周边的区域会员,推出比较优势品种,在上海市场全面扩展之前,成为其区域或品种分中心。

舟山市场联合三大交易平台,整合六大功能,为参与者推出"一站式"便利服务,在综合绩效方面已经超越宁波市场。因此,在发挥实体依托和海陆联运优势的基础上,宁波市场必须借鉴舟山市场的先进经验,抓紧制定和实施赶超战略,重视甬舟铁路的控制权。上海市场借鉴海外先进经验,全面创新政府管理,握有数量更多、质量更优的实体和政策资源,必将成为宁波市场难以撼动的竞争力量,唯有与之积极合作才能推进市场建设。被港交所收购的 LME 推出特别交易时段与上海期货交易所展开竞争,这必然也会对宁波市场造成影响。

第四,治理监管的结构重建。受确保社会公益性前提下的商业盈利性原则约束,合并后的交易所内部需要建立完善的现代公司制度,尤其是独立的风险监管部门、经费和人员安排、健全市场的一线自律功能;外部监管则由行业协会的监督仲裁、行政管理的检查提示、社会公众的补充监督和立法执法的调查惩处等有机整合而成。

鉴于市场在大宗商品产业中居于核心地位,决定资源配置的效率与结果,关乎结构调整和产业升级,故而具有相当程度的社会公益性,理应定位于公共机构,否则将影响地方经济安全与发展。但是,现代市场又是以商业公司的形式组建的,追逐经济利益是其内在本质,短期内过分的投机逐利行为存在破坏社会公益的可能。所以,大宗市场有其特殊的监督管理要求,海外经验也证明了这一点。

目前各个市场普遍存在内部治理结构不完善、外部监管制度不合理的问题,其根本原因在于交易所股权的单一、管委会监管的能力不足与行为不当。因此,应当调整行政部门的介入方式,将其定位于市场联合的组织发起者,发挥规划制定、政策引导和检查提示功能,尤其做好相关服务,将一线创新权力还给市场,赋予市场在资源配置中的决定地位。

需要特别指出的是,上述推进宁波市场联合的一般性操作机制组合在具体应用于不同行业、不同品种和不同主体时需要做出适应性调整。具体来说,行业股份公有程度、交易品种重复程度、参与主体空间范围,它们所依赖的联合动因(从政府出面向市场竞争过渡)、所要求的时间进度(从短期迅速到长期稳定展开)、所凭借的技术手段(从直接的股份、机构调整到间接的品种标准、统一仓储共享)都应有所不同。唯其如此,方能确保联合变革的实际可行、过程平稳与成本低廉。

4. 未来上述宁波大宗商品交易市场联合对策的有效执行还须考虑以下四个方面的特殊影响

第一,充分发挥宁波作为计划单列市的法律法规的灵活性、行政权力的统一性,对市场联合进行独立、有效的推进。可以在市级政府的统一布局和领导下大胆地先行先试,对大宗交易行业相关的法规政策进行必要的清理、调整、补充和完善,辅之以积极的政务创新,为行业有效联合打造健康的发展环境,提供有力的发起动因,尽快实现行业结构整体的有序制度变迁。

第二,关注各个市场在走向联合过程中所产生的人员安排、收益分配和利益补偿问题,为行业联合目标的预期实现消除隐忧。关于被兼并交易所的利益补偿和联合各方交易所的收益分配问题,可以考虑短期内市级财政的一次性补偿和联合后交易所的股权分配相结合的安排思路。至于联合过程中产生的人员分流问题,对于既往存量可以考虑适度的财政补偿,对于未来增量则可以通过市场化即交易所的去行政化改革予以解决。

第三,注意交易市场与关联产业的协调发展,如登记与结算、仓储物流和资金融通的相互协调,实现从单一的交易组织到健全的综合服务平台转化。在充分借鉴舟山中心成功经验——联合交易、航运、船舶三大平台与整合六大市场功能的基础上,完善电子信息网络,加快关联行业的协同,在努力对内做大的基础上,不断尝试对外开放——包括会员拓展和市场联合,积极实现对外做强。

第四,在新常态的“一带一路”倡议参与过程中,宁波市场的联合需要依照具体进程变化做出必要的相机调整。如目前的宁波—舟山港口的硬件系统已由浙江省统一规划建设,宁波发展大宗交易市场的注意力应相应地调整到港口的商业租用方面;加之甬舟铁路建设的推进,如何妥善处理与舟山中心的竞合关系成为不可避免的现实话题。舟山已被确定为第四个国家新区,未来浙江和国家相关重大规划调整都可能成为上述对策的调整依据。

第五章 宁波大宗商品金融协同建构

大宗商品交易的金融服务是指在商务过程中,金融机构为大宗商品交易参与者提供支付结算、融资、金融信息咨询等多方面的服务,使得金融活动的参与方共同受益,获得满足。

在大宗商品电子交易过程中,物流与资金流是可以分离的,存在着预付款、分期付款、延期付款、融资付款等多种支付方式,因此,一系列有关资金流的支付清算以及融资服务需求也随之产生。大宗商品由于其资金流与物流的分离,存在着诸多风险,因此同样需要相关的担保机构、保险机构参与到交易过程中,提供诸如融资担保、货物保险等服务。因此,大宗商品电子交易的金融服务提供商既包括结算服务、资金监管、融资贷款等金融服务的提供者,也包括分散风险、保障交易安全的担保服务、保险服务的提供者。

第一节 金融协同与宁波大宗商品交易

所谓协同发展,就是指协调两个或者两个以上的不同资源或者个体,相互协作完成某一目标,达到共同发展的双赢效果。协同发展论已被当今世界许多国家和地区确定为实现社会可持续发展的基础。在大宗商品交易中,协同提供金融服务的主体是指为大宗商品交易的参与者提供金融服务的企业或者机构,主要包括商业银行、保险公司、担保公司、第三方支付结算公司等。完成电子交易模式下的金融服务还需要大宗商品交易市场、仓储物流公司等的配合,需要相关监管机构对金融服务的内容进行管理。

1. 商业银行

商业银行是大宗商品交易金融服务的主要提供者,为交易参与方提供资金支付结算、交易融资等服务,并且需要对交易资金进行管理,保障资金安全。

商业银行与大宗商品电子交易市场对接,交易商可以通过平台在线上直接完成支付活动;同时对于需要进行融资的交易方,银行与交易市场、仓储物流企业合作,提供相应的融资服务产品。由于电子交易与传统线下交易存在差别,银行为满足交易商的融资需求,也在不断地创新金融产品。

2. 保险公司

保险公司是通过与被保险对象签订合约,为其提供风险保障的企业,是商业活动中重要的参与角色。

在大宗商品交易的过程中,保险范围包括对货物自身质量的保险、对货款清偿的保险。在交易过程中,除了货物本身需要进行投保外,对于短期的贸易信用风险同样可以进行投保,以保障到期货款的清偿。短期的贸易信用保险主要是在进行赊销的时候需要用到,通过对此进行投保,以避免到期未收回货款而导致的损失。

3. 担保公司

在大宗商品的贸易融资中,担保公司作为增信机构为融资的借款人担保,并收取相应的服务费用。担保公司分为融资性担保公司和非融资性担保公司。

根据《融资性担保公司管理暂行办法》的规定,融资性担保公司是指担保人与银行业金融机构等债权人约定,当被担保人不履行对债权人负有的融资性债务时,由担保人依法承担合同约定的担保责任的行为。融资性担保公司的业务范围包括贷款担保、票据承兑担保、贸易融资担保、项目融资担保、信用证担保及其他融资性担保业务。在大宗商品交易过程中,有些融资需求需要担保公司与银行合作完成,因此担保公司也是大宗商品交易金融服务中重要的参与主体。

4. 第三方支付结算公司

在小额商品交易的第三方支付结算公司快速发展的同时,在大宗商品交易领域也相继出现了针对大宗商品的第三方支付结算公司。第三方支付结算公司将大宗商品交易中的支付结算环节与交易市场独立出来,更有利于对交易资金进行管理和控制。

国付宝推出的"G商银通"，与二十余家银行合作，为大宗商品交易提供资金监管、大额支付等服务；2014年3月，甬易支付推出的"甬易宝"与浙江塑料城网上交易市场对接，并完成了第一笔订单支付，成为浙江第一家为大宗商品交易提供支付结算服务的第三方支付平台。

5. 大宗商品电子交易市场

大宗商品电子交易市场为交易参与方提供交易场所，对于交易过程及商务流程可以较好地把控，在金融服务方面的主要职责是配合金融机构完成支付结算、融资、保险等服务。如在贸易融资的过程中，交易市场需要按照银行的要求对交易参与方进行初步的资格审查，收集所需的资料，并且可以通过其历史交易过程为银行提供有价值的信息。

同样交易市场也可以与银行合作，运用自身对商务流程的把控，以交易市场信用为交易记录良好的企业提供相应的担保，为银行分担一部分风险，获取相应的收入，交易市场、融资人和金融机构均会获得收益。

第二节　大宗商品交易金融服务

在大宗商品交易中，各金融服务主体在交易过程中承担不同的职责，主要的金融服务内容包括资金的支付结算、资金的融通。在实现这些服务的过程中，要保证资金的安全，因此在资金管理的过程中需要在各个环节进行管理。

一、大宗商品交易支付结算服务

在大宗商品交易中，资金流量一般较大，需要更安全的支付通道，较零售小商品而言，这对金融机构所提供的服务提出了更高的要求。大宗商品交易通过网上交易平台进行，电子化的手段可以提高交易效率、降低交易成本。支付结算是交易过程中必不可少的环节，要求支付结算过程也要通过网上实现，这样才能体现电子交易的优势。在大宗商品电子交易模式下，交易商在大宗商品电子交易平台上进行交易，银行通过与交易平台合作为交易商提供在线的支付结算服务。通常，银行会通过自身的对外平台与电子交易平台进行对接，交易商在交易平台上便可以完成支付结算。

交易市场在支付结算方面的职责包括按照国家相关法规建立交易结算

制度,按照结算制度为交易商提供交易结算服务,对交易结算账表进行管理,监控交易过程中可能出现的结算风险等。与交易市场合作的结算银行需要在交易市场的协助下准确安全地划转交易资金,对交易资金进行存管,建立安全的账户管理体系,保证交易资金的安全,对交易市场与交易商的秘密负有保密责任等。

随着电子交易平台的发展以及专业大宗商品交易第三方支付结算公司的出现,交易结算服务逐步从交易平台中分离出来。交易与结算的分离更好地保证了交易资金的安全。第三方支付结算平台通过与交易平台、银行相对接,满足大额支付的要求,提供包括支付、结算管理、账户查询管理、对账管理等服务。

二、大宗商品交易支付结算服务的发展现状

随着大宗商品电子交易市场的建立,支付方式也在逐步创新发展。最初,大宗商品交易的支付是在采用线下传统的支付方式完成,诸如票据、汇兑、线下银行转账等方式。网上银行的出现使得很多企业选择通过网银进行资金的划转。之后,各银行与交易市场合作开发在线支付产品,出现了银商转账,交易者可以通过交易平台的银商转账直接进行资金的划转。随后,第三方支付公司也开发出针对大宗商品交易的支付平台,与交易平台合作为交易者提供专业的支付结算服务。

银商转账是指提供资金存管的银行与大宗商品电子交易市场的系统进行对接,为该交易市场上的交易商提供资金划转、结算清算、贸易融资等服务。在该模式下,资金由银行进行存管,既满足了大宗商品交易商对资金划转便利性的需求,也为合作银行带来了便利,并且此种方式更有利于保证交易资金的安全。目前有多家银行与交易市场进行合作,推出的产品如中国工商银行的"集中式银商转账"、中国农业银行的"银商通"、中国建设银行的"e商贸通"、中国光大银行的"银商宝"和广发银行的"仓贸银"等。

第三方支付结算平台针对大宗商品的特点,对不同的交易模式下的贷款资金、与交易相关的保证金提供专业的解决方案,以保证资金安全,使得交易顺利进行。2012年,国付宝信息科技有限公司与天津天保大宗煤炭交易市场、新乡金银花电子交易中心、黄河商品交易市场等八家企业进行战略合作,为大宗商品交易提供解决方案,推出产品"G商银通",涵盖大宗商品交易市场的资金监管、支付清算等一系列的服务。随后,天津融宝支付网络有限公司针对钢铁贸易企业的电子交易需求建立了"融宝"第三方支付交易平台,所提供的服务包括在线支付、大额支付、资金账户管理等,支持互联网支付和移动电话支付。浙江甬易电子支付有限公司推出"甬易支付"产品,与浙江塑料城网上交易市场成功对接,为大宗商品交易市场提供专业的第三方支付服务。

三、大宗商品电子交易支付服务模式

大宗商品电子交易支付服务模式包括网上银行模式、银商通道模式和第三方支付模式。

1. 网上银行模式

从商业银行推出网上银行开始,企业间的支付便有很多采用网上银行进行汇款和支付,买方和卖方之间可直接通过网上银行进行资金的划转,这种方式运用在大宗商品电子交易市场时,支付过程是不经过交易市场的,由买卖双方按照合同约定完成。在这种模式下,资金划转快速,可实时到账,且可相互协商划转方式。缺点是不能保证资金的安全,一旦一方不履行合同,款项有无法收回的风险。

在大宗商品电子交易市场仅作为交易中介负责为买卖双方提供交易机会的情况下,网上银行并不负责对货物交付、资金划转的管理和监督,买卖双方需要到各自的银行开立账户,资金的支付由买卖双方直接向银行发出支付指令自行完成。

在大宗商品交易的众多支付方式中,通过网上银行进行划款支付是重要的支付方式之一,一般企业均有自己的银行账户,使用已有的银行账户便可以完成支付行为。现在众多银行的网上银行发展十分迅速,为企业用户提供的服务也日渐丰富,不仅能满足用户的支付服务要求,也能在投融资、存贷款等方面提供丰富的银行产品。

随着我国金融电子化进程的快速推进,网上银行近几年发展迅速,目前网上银行不仅支持现金在账户之间的直接划转,其电子支票、电子商业票据也成为企业间支付常用的工具。

2. 银商通道模式

银商通道是指大宗商品电子交易市场系统与银行系统连接,交易商通过大宗商品电子交易市场或银行提供的多种渠道发出资金划转指令,实现交易商银行结算账户与大宗商品电子交易市场专用结算账户之间资金实时划账的一项金融服务。该方式可以实现银行对资金的第三方存管。由于银行规定银商通道的用户须为已在交易市场开立资金账户的企业网银注册客

户,客户要通过网银和交易客户端进行银商通道的资金出入,因此银商通道的支付方式也是通过网上银行来实现的。

交易双方首先要获得交易市场的交易商资格,之后需要到交易市场和银行分别开户,并且与商业银行签订协议。当这些手续完成后,交易双方可以通过银行柜台、网上银行、电话银行、交易市场网页及其他被认可的途径进行出入金操作及查询。由于大宗商品交易的交易额巨大,单靠市场自身对资金进行监管是不够的。交易双方的保证金、货款等交易资金应交由银行这样的信用较高的机构监管,银行可以清楚地了解货物的流动情况,再据此决定保证金、货款的流向,这样就可以实现资金监管的权威性,形成信用交易机制,规避风险。

银商通道业务不但为大宗商品买卖双方提供交易资金封闭结算、大宗商品仓储保管和保障资金的第三方安全存管,同时也提供买方信贷、卖方信贷融资等金融服务,为平台会员提供全流程的配套金融服务,有效解决了大宗商品贸易商在现货贸易中遇到的先付款、后违约、交货品质无保障等常见问题。

随着各大银行银商通道业务的开通及国家对大宗商品电子交易市场管理的不断规范,越来越多的交易商和交易市场将选择与银行的第三方支付形式——银商通道合作,银商通道也将在资金安全方面发挥越来越大的作用。同时,与银商通道配套的其他线上支付手段也因其快捷、方便的特点,而被广泛采用。目前,提供银商通道服务的银行及产品有中国工商银行的"集中式银商转账"、中国农业银行的"银商通"、中国建设银行的"e商贸通"、中国民生银行的"银商直通车"等。

3. 第三方支付模式

第三方支付是指与多家银行签约并具备一定实力和信誉保障的交易支付平台。截至 2015 年 3 月,我国已经有 270 家拥有央行第三方支付牌照的第三方支付企业。

2012 年,国付宝信息科技有限公司与天津天保大宗煤炭交易市场、新乡金银花电子交易中心、黄河商品交易市场等八家企业进行战略合作,为大宗商品交易提供解决方案,推出产品"G 商银通",涵盖大宗商品交易市场的资金监管、支付清算等一系列的服务。随后,天津融宝支付网络有限公司针对钢铁贸易企业的电子交易需求建立了"融宝"第三方支付交易平台,所提供的服务包括在线支付、大额支付、资金账户管理等,支持互联网支付和移动电话支付。浙江甬易电子支付有限公司推出"甬易支付"产品,与浙江塑料城网上交易市场成功对接,为大宗商品交易市场提供专业的第三方支付服务。

第三方支付模式将支付结算管理与交易管理相剥离,构成了交易市场管理交易、第三方支付管理支付结算、银行管理资金的形式。相较于交易市场既管交易又管支付结算的形式,第三方支付模式提高了交易资金在管理上的安全性。第三方支付模式的特点主要包括以下几点:

(1)支付管理与交易管理分离。第三方支付平台提供专业的支付结算服务,与交易市场是相互独立的企业实体。因此,对交易的管理和对支付结算的管理是由不同的实体进行的,在一定程度上可以提高交易资金的安全性。

(2)整合支付银行。第三方支付平台可以整合多家银行,交易市场只需与第三方支付平台对接即可实现交易的支付结算,无须再与多家银行进行对接。

(3)降低支付成本。第三方支付平台的转账手续费,如跨行、跨地域转账的手续费相较于网上银行或柜面银行来讲较低,因此可以为大宗商品交易降低支付成本。

(4)便捷的管理功能。第三方支付平台为用户提供账户管理、交易历史信息查询、支付权限在线审核等功能,便于对支付账户进行管理。

(5)增值服务。与其他的支付模式相比,第三方支付平台还可以根据用户的特点提供定制的服务,如相关产品的信息咨询、行业动态等增值服务。

四、大宗商品交易融资服务

大宗商品交易的融资服务是指以交易市场的交易商作为服务对象,商业银行与交易市场或者第三方(指结算公司)共同合作,为交易商及其交易对象提供资金融通的服务,从而解决交易资金不足的问题。

银行的贸易融资服务产品一般包括应收账款类融资产品、预付账款类融资产品和存货类融资产品等。随着供应链条中企业间合作的日益增多,企业间的利益也结合得更加紧密。银行的融资产品也在创新和发展,由原先与供应链各企业毫无关联地进行业务的模式,转为为供应链中的核心企业及其上下游企业提供全面金融服务,从供应链的角度进行服务拓展是近些年银行创新产品的关键之一。

同样,供应链金融产品对于大宗商品交易有着重要意义。从供应链的构成上看,供应链由原料商、生产商、分销商、零售商等多个角色构成,并且企业都不愿被占用过多的现金流,特别是对于核心企业相对强势的供应链,核心企业对资金要求苛刻,使得其上下游企业的资金占用严重,现金流周转面临挑战,需要金融机构提供融资服务,而这些上下游企业又往往是中小企业,很难从银行获得融资。因此,供应链上游的中小企业供应商为拥有大企业客户、扩大销售、实现利润,往往采取赊销的方式,形成大量应收账款,存在资金链断裂的风险。供应链金融就是面向这些核心客户,将其与自身的上下游供应商分销商绑定,做灵活的金融产品,运用银行的资金优势和核心企业的信用为核心客户及其供应商提供金融服务,从而提升企业信誉度,减轻资金占用压力,保障供应链企业资金链畅通,为供应链上企业的逐步发展壮大奠定基础。

大宗商品电子交易市场上提供的在线融资产品包括预付款融资、应收款融资、仓单质押融资、订单质押融资及交易市场根据自身情况支持的其他融资。

对于我国的银行而言,目前盈利结构较为单一,传统的存贷利差收入仍为主要利润来源,银行必须加快金融创新,开辟新的服务领域。通过开展大宗商品电子交易的金融服务可以满足企业多样化金融产品需求,为银行带来新的业务。目前银行业内竞争加剧,原有市场需求萎缩,众多国内银行将目光投向中小企业市场,但中小企业的规模无法提供足够的抵押品,无法取得较高的信用级别,加上银行自身对中小企业的风险控制能力不足,以致无法在中小企业市场中盈利,因此需要通过金融创新,增强对中小企业风险的把控能力,拓展金融服务的市场。银行与大宗商品电子交易市场合作,加快金融产品创新、提高金融服务水平、顺应市场需求,有利于增强竞争力。

在交易市场上,众多交易商均属于中小企业,交易融资难成为严重制约其发展的因素之一。中小企业资金少、规模小、管理水平相对落后、抗风险能力较低。在融资过程中,中小企业缺乏充足的抵押物,信用级别较低,难以取得银行贷款;在资本市场上,中小企业也较难获得融资机会。目前大宗商品交易市场与金融机构合作,通过交易市场对交易流程的管控,银行可以不断地创新金融产品,为交易商提供融资服务,促进贸易的顺利进行。

五、大宗商品交易融资服务的发展现状

大宗商品的交易商是处于大宗商品供应链上的核心企业及上下游供应商分销商,对于大宗商品交易的融资服务,银行与大宗商品电子交易市场合作,将传统的融资产品与新型交易模式相结合,开发了新的基于电子化手段的融资产品。

交易市场中的交易商既可以是生产商也可以是贸易商,其在供应链条中所处的位置既可以是核心企业,也可以是小型供应商企业。由于大宗商品交易额较大,对于资金的需求就较大,并且由于企业间交易存在赊销、赊购的情况,因此很多企业均有融资需求,而交易市场的交易商又并非都是信用良好的大型企业,便存在融资困难的情况。为此,合作银行与交易市场共同努力,针对电子交易模式,开发新的融资产品,目前的产品包括存货质押融资、订单质押融资以及根据各交易市场或交易品种特点所开发的产品等。

随着企业间竞争向供应链整体竞争的转变,供应链融资服务也是众多银行目前开始着重发展的服务。国内银行业供应链融资业务最早是由我国中小型银行在竞争压力下开展的,供应链融资着眼于传统融资服务中不涉及的客户,即通过供应链企业间的合作关系开发银行之前不愿意涉足的中小企业市场。众多银行均有自身的供应链融资产品,如深圳发展银行的"1＋N"的供应链融资业务模式、浦发银行的"企业供应链融资解决方案"、兴业银行的"金芝麻"供应链金融服务、华夏银行的"融资供应链"、招商银行的"电子供应链金融"等。国内供应链融资服务的领域主要包括三个方面:一是资源优势突出的行业领域,如石油、煤炭、电力、有色金属等能源类领域;二是资金技术壁垒较高、规模经营的行业领域,如汽车、钢铁、机械制造、电器、水泥、食品、建材等领域;三是具有稳定资金来源的国家行政、事业单位,包括各级国家行政机关、大学、医院等机构。

在电子交易模式下,融资服务也在向电子化的方式转变。各银行在核心系统的基础上建立与各方进行对接的外联平台,与相关合作伙伴共同开发电子模式下的金融服务产品,将网上结算与网上融资相结合,为融资企业提供低成本的快捷金融服务。如招商银行的"U—Bank 6.0"版整合了网上票据、网上保理、网上信用证、网上透支、公司卡等产品,成为招商银行电子供应链金融服务的重要组成部分;交通银行的"e贷通"则包含了网络联贷联保、网络供应商融资、网络速贷通三种产品。

六、大宗商品交易融资服务模式

大宗商品交易融资服务的参与主体包括电子交易市场、商业银行、保险公司、融资企业、物流企业等。与支付结算服务参与者不同的主要是与融资相关的风险控制所需的企业,包括保险公司、担保公司、仓储物流企业等。

其中,仓储物流企业是银行所提供的一些融资产品中必不可少的监督者,在货物自身作为抵质押物而获得融资的模式下,需要仓储物流公司与银行合作完成对货物的监管。根据《大宗商品电子交易规范》的规定,仓储物流企业的仓库作为交易的交货仓库需要得到电子交易中心的认定,负责对商品进行保管,提供物流配送服务。在金融服务业务中,仓储物流企业主要负责为银行提供指定的监管仓库,并配合银行完成对仓库货物的监管。交货仓库不能参与有关商品的电子交易活动。物流企业在大宗商品融资服务中的主要作用包括物流企业掌握货物的库存数量、销售数量等信息,协助商业银行对质押物进行管理,按照市场的规定提供关于质押物价值的资料、报告等,以帮助银行确定质押物的价值。对质押物的管理,物流企业可利用其网络优势和信息优势,在接受银行的委托后对质押物进行监管,即充当监管方的角色,减少银行贷后的管理成本。

目前,商业银行所提供的贸易融资服务产品主要包括三大类:存货质押融资、应收账款融资和预付账款融资。除此之外,对于供应链融资产品,银行又有很多的创新服务。

1. 存货质押融资

存货质押融资是指需要融资的企业,将其拥有的存货做质物,向资金提供企业出质,同时将质物转交给具有合法保管存货资格的物流企业进行保管,以获得贷方贷款的业务活动,是物流企业参与下的动产质押业务。根据《中华人民共和国物权法》,采购过程的原材料、生产阶段的半成品、销售阶段的产品、企业拥有的机械设备等都可以当作存货质押的担保物。

(1)存货质押授信

存货质押授信是指授信的申请人或出质人以银行可以接受的存货、非标准仓单作为质押获得银行短期授信的产品,业务范围包括流动资金贷款、商票贴现、开立银行承兑汇票等。作为质押物的货物需要由第三方物流企业或者监管企业配合银行实施监管,这样可以控制融资风险。按照质押物提取的不同程序,存货质押授信分为静态模式和动态模式两种。

(2)信托收据授信

所谓信托收据授信是指一种承认借款人代银行持有商品的证书,银行对货物拥有"暂时的法律上的所有权"。借款人利用银行贷款购买货物后,向银行开出信托收据。信托收据规定,银行和借款人是一种委托人和受托人的关系,商品由借款人代银行持有,借款人或将货物存入公开仓库,或就地保存但无须第三方参与货物管理。商品销售后,借款人将货款转入银行贷款账户。

（3）仓单质押授信

仓单质押授信是申请人或质押人以自有或第三人合法拥有的仓单为质押物的授信业务,分为标准仓单质押授信和普通仓单质押授信两种。

标准仓单是指符合交易所统一要求的、由指定交割仓库在完成入库商品验收、确认合格后签发给货主用于提取商品的、并经交易所注册生效的标准化提货凭证。对于客户而言,相比动产质押,标准仓单质押手续简便、成本较低。对于银行而言,标准仓单质押成本和风险都较低。此外,由于标准仓单的流动性很强,也有利于银行在客户违约的情况下对质押物进行处置。

普通仓单又称非标准仓单,由仓储公司自行制作,银行必须核实其真实有效性。在实际操作中,也有使用商品调拨单作为质物的情况,商品调拨单由厂家签发,代表唯一的提货凭证。普通仓单隐含仓储公司或厂家信用,银行以其为质押开展业务时,须为仓储公司或厂家核定相应额度。

2. 应收账款融资

《中华人民共和国物权法》规定,应收账款可以作为出质权利。应收账款是指权利人因提供一定的货物、服务或者设施而获得的,要求义务人付款的权利,包括现有的和未来的金钱债权及其产生的收益,但不包括因票据或者其他有价证券而产生的付款请求权。可以出质的应收账款包括销售产生的债权、出租产生的债权、提供服务产生的债权、公路、桥梁、隧道、渡口等不动产收费权、银行认可的其他形式的权益。

应收账款融资就是借款人以自己应收账款的价值作为融资担保,取得资金用于支持生产和销售活动。融资的还款来源是应收账款回收产生的现金流。应收账款融资区别于普通商业贷款的最大特点是前者的还款来源是流动资产变现所产生的特定化的现金流,而后者的还款来源是经营活动所产生的现金流。因此,物流监管者应该更关注应收账款的质量和价值,关注银行控制权和监管系统,关注银行在扣押状态下变现抵押品的能力,而不是关注收入和资产负债表的信息。应收账款产品设计的关键理念是借款人的风险并不等于贷款风险。

应收账款融资主要发生在从发货到下游核心企业付款这一阶段。由于贸易方式和贸易背景不同,对于国内和国外核心企业供应商的应收账款融资模式也不尽相同。

（1）国内应收账款融资

国内应收账款融资是指核心企业与其供应商都位于同一国家，双方的贸易发生在国内。这样，与国际贸易相比，每笔应收账款的交易情况以及交易双方的背景都比较容易了解，风险相对容易控制。国内的应收账款融资产品包括应收账款保理以及应收账款保理池融资等。

应收账款保理是在供应商以赊销方式为核心企业提供商品或劳务的情况下，银行针对因赊销而产生的应收账款进行管理的服务，具体包括贸易融资、销售分户账管理、应收账款催收、信用风险控制与坏账担保服务。国内对于应收账款保理主要关注其贸易融资功能。该融资模式适合那些下游客户比较单一、单笔应收账款额度较高的供应商。

国内应收账款保理池融资是指将一个或多个国内的不同买方、不同期限和金额的应收账全部一次性转让给银行，银行根据累积的应收账款余额给予融资。应收账款保理池融资模式适合那些应收账款发生频繁但每笔金额较小的供应商。应收账款保理池有两种运作模式：一种是将融资企业所有的应收账款一并买断，进行保理。这种模式可以控制所有的销售回款，并且避免了一对一式的应收账款保理繁复的手续，提高了操作效率。另一种是选择融资企业特定的一个或者几个买家的应收账款进行打包并转让给银行，银行根据应收账款余额的情况，结合融资企业和买家的信用情况，确定授信额度。

（2）国际应收账款融资

国际应收账款融资主要是针对买方位于国外的供应商，考虑到国际贸易环境中更多的不确定性和复杂性，以及对于买方情况的不可知因素，国际背景下和国内背景下的应收账款融资存在着很大的区别。国际应收账款融资主要有两种模式：出口信保押汇和出口保理。

3. 预付账款融资

核心企业的下游经销商往往在将核心企业的产品销售出去之前，需要先向核心企业支付货款，这形成了付款时点与销售回款时点之间的资金缺口。银行利用这种"未来的提货权"作为担保，为经销商提供融资，这种融资模式统称为预付账款融资。预付账款融资可以理解为为未来存货的融资。这是因为从风险控制的角度看，预付款融资的担保基础是预付款下客户对供应商的提货权，或提货权实现后通过发货、运输等环节形成的在途存货和库存存货。货物到达买方后，客户就可向银行申请在库的存货融资。这样，预付融资成为存货融资的"过桥"环节。

供应链金融中的预付账款融资与传统的用于支付预付款的授信业务存在明显区别。在传统业务中,银行在授信申请人落实相应担保后才会响应其预付款融资需求;而预付账款类供应链金融产品与应收账款类供应链金融产品类似,具备自偿性,它以预付账款项下的在对核心企业的提货后,通过发货、运输、入库等环节所形成的在途和库存的货物对银行提供抵(质)押担保,并以其出清资金作为还款来源。因此,预付账款类产品能够缓解供应链下游企业的财务压力,并能有效解决中小企业因缺乏担保资源而难以获得银行融资的问题。

(1)先票(款)后货授信

先票(款)后货授信是指客户从银行取得授信,在交纳一定比例保证金的情况下,向卖方支付全额货款;卖方按照购销合同以及合作协议书的约定发运货物,货物到达后设定抵质押,作为银行授信的担保。

先票(款)后货模式突破了担保资源的限制,解决了采购预付账款不足的问题,有利于缓解客户的流动资金需求压力。对银行而言,可以依托核心企业提供经销商融资,创造向供应链下游延伸业务的渠道,扩大客户群体,拓展业务范围。通过锁定物流和资金流,实现供应链风险的整体控制,降低整体授信风险。同时,批量化的经销商融资可以分散银行的风险。

(2)保税仓授信

保税仓授信是在客户交纳一定保证金的前提下,银行贷出全额货款供客户向可信企业采购,卖方出具全额提单作为授信的抵质押物。随后,客户分次向银行提交提货保证金,银行再分次通知卖方向客户发货。卖方就发货不足部分的价值承担向银行退款的责任。保兑仓授信业务与先票(款)后货授信业务非常类似,两者最大的区别在于,保兑仓业务不涉及监管企业,银行不直接质押和监管货物。保兑仓的风险控制取决于经销商的销售能力和核心尝试的保兑能力。该模式减少了经销商的自身库存量,省去了仓储费用,业务开展过程中不涉及监管企业,节省了监管费用。对于银行而言,将卖方和物流监管两个变量合二为一,简化了操作流程。同时,核心厂商的保兑责任较调剂销售和差额回购更加易于实现,提高了整体风险控制能力。

4. 其他担保融资

在存货质押融资、应收账款融资和预付账款融资之外,供应链金融还有其他的创新思路,如专业市场集群授信产品。我国银行业主要是围绕物权的抵质押,从而进行以真实交易为背景的应收账款、预付账款以及物流类的供应链融资业务。在开展物权担保的同时,银行方面也积极开展信用担保业务,为供应链中的中小企业提供金融支持。其中,专业市场集群授信就是这样一种融资方式。

专业市场集群授信是指以大型信用良好的交易市场作为担保方,从而对市场中的中小企业进行授信业务的一种供应链融资方式。该模式适合招商、结算和运营统一的专业市场,以市场管理方的担保为主,同时在担保中还可以结合经营权担保、房产担保以及个人担保等模式共同使用。专业市场集群授信可以在很大程度上提高专业市场的招商引资能力,进而提高专业市场的竞争力,为客户提供资金,帮助客户解决资金困难,拓展了银行方面的业务,从而使得市场管理方、企业、银行实现三方共赢。

第三节　大宗商品交易资金管理

一、大宗商品交易的资金管理内容

大宗商品电子交易中资金管理的含义主要指在交易、交收与结算的电子交易核心运营流程中,根据交收办法及合同执行情况,资金管理主体为会员提供资金监管、账户管理、支付结算、跨行清算、账目维护、多账户查询、凭证查询等多种服务,从而严格保证合同双方的权利义务,保障交易的顺利完成。

大宗商品电子交易资金管理服务主要指在电子商务交易过程中,为资金账户设立、资金划转、身份认证、支付结算、资金清算、信息查询管理等提供的一系列服务活动。

二、大宗商品交易的资金管理发展现状

在我国大宗商品交易过程中,存在着交易市场管理资金的情况,这使得资金风险较大,客观上存在市场挪用会员资金的情况。在现实运行中也确实发生了一些问题,如华夏商品现货交易所总裁携交易商保证金潜逃事件,会员的交易资金安全难以得到保障,因此需要更好的资金管理模式以保证资金的安全。

第三方支付管理模式是指第三方支付结算公司对资金进行管理。我国的第三方支付最早在 C2C 电子商务领域中得到广泛应用。由于 C2C 电子

商务交易商家众多,也比较零散,管理需要耗费很多时间,银行的精力有限,而第三方支付可以很好地解决买卖双方互不信任的问题,因而它在 C2C 领域发展良好。经过近几年第三方支付的快速发展,一部分第三方支付公司已经开始正式进军 B2B 电子商务领域。第三方支付公司的出现,使得大宗商品的交易管理与支付管理相分离,对交易资金安全的管理起到了积极的作用。

银行监管资金管理模式的雏形起源于早期的托管业务。对于国内银行业而言,托管业务从 20 世纪 90 年代末才真正开展。借鉴美国等西方国家托管业务的良好经验,国内各家银行在十多年的时间里,发展出了不同资产品种的托管业务。在电子商务业务中逐步引入商业银行的资产托管服务,主要目的在于安全保管资金,防止交易资金被挪作他用,保障交易参与者的合法权益。随着近几年电子商务市场的蓬勃发展,在贸易活动中,由银行协作保存管理贸易双方的交易资金,当顺利完成货物的交割后,银行根据买方的通知将货款付给卖方的这种贸易方式,逐渐被各行业的交易商所接受。

目前,国内各家银行推出了各具特色的电子交易资金管理服务。中国银行的"中银 E 商通"面向大宗商品交易市场及其投资者客户提供包括资金监管、出入金查询、资金清算及对账等在内的整体服务;中国农业银行的"电子商务信用支付"是为需要银行作为第三方信用主体来开展经营活动的企业在进行商品销售时提供在线资金结算服务业务,买卖双方在网上从事交易活动时,买方的货款先交给银行暂存,待双方货物交割完毕后,再由银行将货款交给卖方;中国工商银行的"冻结支付模式"支持企业在商户网站下订单后,在线将资金冻结,待交易结束后,再将原冻结资金支付给卖家。

三、大宗商品交易资金管理模式

根据交易商、大宗商品电子交易市场、第三方支付结算公司以及商业银行在电子交易中担当的角色和信用基础的不同,我们将现行的电子交易资金安全管理模式分为以下四类。

1. 交易双方自身信用管理模式

在交易双方自身信用管理交易模式下,商户买卖合约的资金结算通过银行结算体系在买卖双方实体结算账户间完成。由于交易市场未参与到资金的划转过程中,因此此类模式对交易过程的管理较弱,一般仅作为辅助的交易模式存在,是一种线下贸易方式。

在交易双方自身管理信用模式中,交易市场只充当信息中介的作用,以摊位费和服务费为主营业务收入,不涉及买卖双方交易过程,因此,该类平台只需在银行开立结算账户,拥有相关费用的收取,不存在挪用商户资金的情况。

2. 交易市场管理模式

在交易市场管理模式下,大宗商品交易市场担当买卖双方会员交易的信用中介,撮合买卖双方达成交易,买卖双方在大宗商品交易市场提供的平台上完成电子支付过程。

与交易双方自身信用管理模式不同,引入市场信用后,市场对买卖双方进行认证,收取一定的保证金作为交易顺利进行的保证。交易商需要交给交易市场的资金分为两部分:一部分是保证金;另一部分是交易资金。交易市场有两种处理模式:一种是仅收取保证金,交易资金由交易双方自行划拨,此种模式下如当买方(或卖方)发生违约,就将其一定数量的保证金转至卖方(买方)账户,货款不经由平台进行支付,而是在买卖双方间进行,平台仅对支付的保证金进行监控和管理;另一种是保证金及交易资金均通过交易市场处理,参与买卖双方的交易过程,交易资金的结算通过银行结算体系在以平台结算账户作为中间过渡账户的买卖双方实体结算账户间完成。当交易达成,买方将货款从己方结算账户转入平台结算账户,卖方收到平台发来的入账通知后发货,并更改交易状态,当买方收到货物后,在平台进行确认,货款从平台结算账户转入卖方结算账户。

在此种模式下,会员的交易资金存在较大的安全性风险。大宗商品电子交易市场采取了按照交易规模收取一定比例保证金的制度,我国在股票和期货投资中都规定了严格的三方存管制度,由银行来管理客户资金,证券公司只管理证券账户。但在大宗商品交易市场中,虽然投资者办理开户时也是先把资金存入银行,但银行只负责对账而不负责资金托管,也没有强制性的保证金第三方监控系统,资金多是在交易所控制的公司账户上,交易所是可以动用客户资金的。虽然多数市场都声称建立了资金安全的三方监管制度,但事实上,客户资金的三方监管制度并不规范,极易出现被市场主办侵占、挪用的情况,甚至有市场主办卷款潜逃的风险,2008 年华交所诈骗事件便是明证。在其他的大宗商品交易所,还发生过代理商私改客户资金密码,导致客户严重亏损,而后代理商消失的事件。这都表明了在交易市场管理资金模式中,客户保证金第三方监管的缺失。

3. 第三方支付公司信用模式

在第三方支付公司信用模式下,第三方支付公司在银行建立一个中介账户,参与平台的交易过程。该种模式下平台结算账户的功能仅限于收取摊位费、服务费等自有资金,其中介过渡的职能被第三方支付公司的银行结算账户取而代之。由此可见,该模式是一种较为有效的监管。

在第三方支付公司管理模式下,由第三方支付公司担任支付中介的角色。交易资金从买方实体结算账户支付至市场汇总账户中,再由市场汇总账户划转至卖方。在此种方式下,银行仅提供支付结算服务,由第三方支付公司提供对会员交易资金明细的记录和保管。

4. 商业银行信用模式

在商业银行信用模式下,银行担任会员结算资金和保证金的会计记账主体,并将会员结算资金、保证金与其自有资金分户后全额存放在监管银行。在日常交易中,大宗商品交易市场撮合会员间达成商品买卖交易,监控交易双边会员物资交割的履约,完成与各个会员间的清算交收,并向受托监管银行转发会员相关支付结算交易指令,提供会员交易结算资金和保证金明细。监管银行承担会员交易资金和保证金的出纳和保管职责,负责管理会员的交易资金结算账户、保证金账户,以及交易市场的交易资金汇总账户。最终,通过总分账务核对、交易汇总账户的出账控制等机制,有效防止交易市场挪用会员交易资金和保证金。

与第三方支付公司信用模式相比,银行内部账户取代了第三方支付公司银行结算账户,实现了以银行信用取代平台信用和第三方支付公司信用,此时不存在挪用商户信用金或交易资金的风险。

第四节　大宗商品供应链金融协同关系研究

研究供应链金融的协同,需要对协同的对象进行界定。本书首先对供应链金融的主体要素进行分析,并分析主体要素相互之间的合作关系及所形成的不同供应链金融结构,然后对供应链金融的具体功能以及系统的特性进行说明。供应链金融的内部要素主要包括金融机构、第三方物流企业、核心企业以及中小企业等运作主体,各主体之间相互依存,共存共荣,构成一个协调发展的动态系统。

一、供应链金融各参与主体的界定

1. 供应链金融的金融机构

银行金融机构是供应链金融的融资服务提供者,也是供应链金融业务的主导者及管理者。银行传统的授信模式是以一对一的方式开展的,所涉及的也只是银行与中小企业之间的双方关系,信贷评审的重心在于授信客户的抵质押资产、企业的经营能力及第三方保证。在供应链金融中,银行不再局限于融资企业不动产抵押支持,而是基于上下游中小企业之间所形成的真实贸易背景,这使得银行不仅与中小企业建立了资金的联通关系,同时将自身发展为供应链第三方物流企业承包的财务战略伙伴,由此银行在派生出新增商业利润和金融服务收益的同时,极大地降低了融资的风险。

2. 供应链金融的第三方物流企业

第三方物流企业是供应链金融业务代理的主体,是供应链金融服务的提供商,与供应链金融的金融机构居于同等地位。由于供应链金融业务涉及多领域的操作环节,专业部分已经超出了银行的管理能力,因此引入第三方物流企业进行资源互补,这是银行控制供应链金融风险的管理办法。第三方物流企业参与供应链金融,能够以真实交易背景的需求为依据参与供应链内部的整个过程,对融资过程中涉及的物流、资金流和信息流的不断交互情况进行跟踪,所以获得的需求信息真实可靠。在供应链金融过程中,银行需要对质押物流通环节进行实时的监控,但由于这种监控是动态的,很难保证银行所获得信息的实时性,为了保证在可控风险下不影响借款企业的正常营业,银行通常需要与第三方物流企业结成联盟,这样既可以满足借款企业的需要又可以对借款企业的实际运营情况及质押物进行有效的监管。对于第三方物流企业来说,供应链金融中的货物监管业务是属于自身专业技能的非主营业务,是企业在传统利润基础上的新增利润,所以这在一定程度上创造了第三方物流企业的盈利模式。另一方面,第三方物流企业在代理银行对融资企业货物进行监管的过程中,银行的客户同时也成为第三方物流的客户,第三方物流企业在供应链金融中成了银行和客户双重利益的代表方,所以他们之间常常需要建立一个战略伙伴的关系,这样不仅稳固了第三方物流企业的客户群而且又扩展了客户群。

3. 供应链金融的核心企业

核心企业也是供应链金融的主要参与者,担当着配合与协调整条供应链的角色。这些企业常常是知名大公司或者跨国集团公司,控制着较多的社会资源,而且所处的市场结构一般为寡头垄断或垄断竞争,因此具有较强的市场影响力。这类企业一般具有明显的特征:(1)处于控制着整个产业链与价值链的核心环节,所以在与上下游企业在交易过程中获得了更多的话语权和定价权。(2)核心企业资金实力突出、信用水平普遍较高,在金融市场具有较高的资信等级。而且由于核心企业资产规模大,企业可担保的资源丰富,所以是各家银行争宠的对象。

作为供应链和渠道链的组织者、管理者和最终受惠者,尽管核心企业很少会出现获得金融服务的瓶颈问题,但由于链中其他企业的绩效水平与核心企业本身的绩效是直接相关的,因此核心企业必然会在考虑自身企业发展的同时,为其他成员提供融资服务上的便利性。这种服务既包括直接的信用融资,也包括在依托第三方机构提供融资服务时提供信用支持等。

4. 供应链金融的中小企业

供应链金融的中小企业,是供应链金融业务开展的最直接服务对象,反映了供应链金融的资金需求。受国内市场环境的影响,参与供应链的中小企业存在很大的相似性。首先,大多中小企业在供应链上的劣势地位,是由于其与核心企业信息不对称,容易受核心企业在产量规模、资金规模上发展的不平衡所影响,可以说供应链中小企业也是供应链信息对称的需求方。其次,对供应链中小企业在规模及技术上要求比较低,对准入企业的限制较小,所以在供应链生产上,聚集了很多依附核心企业而冗余的不良企业,而优良的中小企业本身也受不良竞争的影响,发展大受阻碍,可见对中小企业的监管尤为重要。再次,中小企业资金被占用问题也没有因为其主体地位发生根本改变。最后,银行等金融机构对中小企业信用水平的界定仍有不科学的地方,这也给中小企业短期应对财务风险带来了更严峻的挑战。所以在供应链金融协同的理论中,中小企业寻求的是一个对自身生产、资金需求及信用水平能够正确反映的供应链金融协同模式。

二、供应链金融各主体的相互关系

1. 银行与中小企业的关系

我国中小企业与银行间的关系与正常的银企关系是背离的,一方面中小企业资金需求旺却融资难,另一方面银行资金充足却对中小企业惜贷。由信息不对称理论可知,银行缺乏中小企业经营状况方面的信息,为了控制自身财务风险,对中小企业选择限制贷款或不发放贷款,从而造成了逆向选择。同时对于中小企业来说,中小企业接受银行贷款后,在市场环境不能达到预期时,中小企业很有可能改变自身投资方向,将资金投入高风险的投资项目,当无法承担风险造成投资损失而不能归还银行贷款的本息时,银行就要承担道德风险,这就是信息不对称给银行和中小企业关系带来的扭曲。在中国市场环境下,中小企业与银行的这种关系降低了银行向企业发放贷款的意愿。

引入第三方物流企业参与供应链金融的协同,可以改善银行与中小企业的关系。基于第三方物流企业在供应链金融模式的地位,其不仅能够专业从事供应链企业交易的外包业务,同时也能获得供应链市场的供求情况,对供应链参与企业的经营比银行有更客观的了解。如果整合供应链上第三方物流企业的资源,形成一个第三方物流集成代理系统,全面收集供应链各参与企业的信息,参与供应链金融业务,在供应链金融协同的模式下,代理供应链中融资企业与金融机构形成合作竞价的关系,就可以大大破除由信息不对称带来的融资壁垒,同时也能够带来自身利润增长。

供应链金融的中小企业应该与第三方物流企业建立长期稳定的客户关系,第三方物流企业利用现代物流技术整合中小企业的资源,并代理这些资源,这样就能使中小企业在与银行融资谈判过程中,回到公平的地位,让银行金融机构发现中小企业在集群模式下具有众多优势和价值,同时也降低了融资过程带来的道德风险和逆向选择的影响。

2. 银行与核心企业的关系

传统金融模式下的核心企业因为融资成本较高,并不会把银行金融机构作为首选的融资渠道,而银行金融机构却视核心企业为目标优质客户,这样双方的谈判通常很难达到平衡,会出现资源配置不经济的困境。

核心企业在选择资金投向时,往往不会把银行放于首位,这主要是受银行业金融机构严格的监管影响,银行业金融机构的资金支持对于核心企业来说,犹如鸡肋,在关键时刻往往不能成为及时雨来解核心企业的燃眉之急。但核心企业又想通过掌握这笔资金,增强其在业务上的机动性。那么在这种情况下,核心企业和银行业金融机构间最好的解决方式是发展长期关系,破除短期关系对双方合作带来的不利影响。本书就是借助供应链第三方物流企业在整个供应链管理整合方面的优势,将第三方物流企业作为供应链上核心企业的代理方,通过与供应链上核心企业联盟的方式进入供应链金融协同模式。

3. 核心企业与中小企业的关系

由于核心企业与中小企业在供应链中的主体地位不平等,中小企业受自身发展的限制,往往附属于核心企业。这样的关系来源于中小企业基于核心企业订单的发展模式,出于市场风险和运营成本考虑,其自身很难对市场进行科学的预测,在稳定的营利模式驱动下,中小企业很难独立于核心企业。

引入第三方物流企业的供应链金融协同模式,核心企业和中小企业的关系将会有所转变。第三方物流集合供应链的供求关系和市场信息,对供应链金融协同系统内的参与主体,实现信息共享,也可以提供市场咨询等相关服务,那么中小企业将根据第三方物流代理核心企业的生产信息,进行更加科学的生产计划,有效地控制库存,解放受限的流动资金。同时借助供应链金融协同系统反馈给供应链管理系统的信息,在整个供应链上获得更加独立的主体地位。如此,中小企业不会受限于核心企业,而核心企业也可以通过供应链金融协同市场,最有效率地发现配套企业,加速整条供应链的运行。这样,原来中小企业和核心企业的关系便会转型成中小企业联盟与核心企业联盟合作和协商的关系。

4. 第三方物流企业与其他参与主体的关系

第三方物流企业在整个供应链运作过程中充当服务提供商的角色,其主营业务的收入与供应链上各生产企业的生产状况有着直接的联系。核心企业和中小企业把业务外包给第三方物流企业,第三方物流企业按照自身的物流配送规划,调整最优的库存量及运输路径。当然,第三方物流企业与供应链的核心企业和中小企业要实现物流业务的协调,双方需要满足对供货期的要求,才能均衡相互之间的关系,建立起长期的、稳定的战略合作关系。

在供应链上,第三方物流企业与银行业金融机构都是为供应链上的生产企业提供服务的,但由于提供服务的项目不同,很多供应链上的第三方物流企业与银行业金融机构间缺乏联系。作为供应链资金流服务提供商的银行金融机构,对资金安全性的要求比较高。虽然供应链上能够创造很多价值的流动资产,却不能满足银行为其提供融资服务的要求。第三方物流企业的专业服务就是实现供应链上流动资产创造价值的保证。这样,通过第三方物流企业,供应链上其他参与主体之间的相互关系会变得活跃。而在这样的机制下,第三方物流企业与供应链上其他企业的相互关系也变得更加稳定。

将供应链各参与主体统一起来分析,从供应链企业的角度看,不管是供应链上下游的中小企业,还是核心企业都需要缓解供应链上商品链运行带来的财务压力。从金融机构的角度看,供应链金融贯穿整条供应链各环节的始末,每个环节都能够为金融机构拓展业务提供利润增长点。从第三方物流企业的角度看,供应链金融将成为第三方物流派生出的增值服务,提供供应链金融的方案设计,引入这样一种第三方物流企业参与的供应链金融模式,使整条供应链资金流的运作更具有联动性,资金供应与需求实现更好的控制。第三方物流企业在其中充当服务提供商的身份,让各参与企业之间的关系得到加强。

三、大宗商品交易金融服务体系的建构

大宗商品交易金融服务的主要提供者包括商业银行、大宗商品电子交易市场、担保公司、保险公司、物流公司等。随着电子商务的发展,大宗商品在电子交易模式下,需要通过电子平台进行交易,所以服务的主体之间也需要将系统逐步整合,相互协同地为交易者提供金融服务。

1. 建设金融服务体系的含义

近年来,供应链金融服务迅猛发展,已成为商业银行及物流供应链节点企业拓展业务空间、增强竞争力的一个重要领域。作为供应链金融服务的供给主体,商业银行为了提高资金的利用效率,满足客户对多样化的需求,不断地在"订单、预付款、货押、应收账款"等供应链金融标准业务模式基础上,开发推出许多新的金融产品。而这些新的供应链金融产品的实现,更加离不开供应链金融信息系统的支持。

供应链金融信息系统平台用以指挥协调银行与核心企业、上下游中小供应商之间的信息沟通,以实现企业内部信息透明化、市场信息预见化,从而提高物流、商流、资金流、信息流的效率,最终在资本(规模)不变的情况下通过提高实物与货币的周转率,为参与各方带来更大的利润。

2. 建设金融服务体系的作用

建设金融服务体系可以提高业务运转效率,降低运营成本,减少信息不对称,降低业务风险。促进业务模式和增值服务模式创新,提高服务水平。支持供应链全过程一体化运作,促进产业升级。应健全应急机制和风险监管体系,完善金融服务体系运行机制。

第五节　宁波大宗商品金融服务体系协同优化对策

一、宁波大宗商品金融发展进程

为了促进大宗商品贸易发展,2011年8月,经宁波市人民政府批准成立大宗商品交易所(简称甬商所),2012年6月成为国家电子商务试点项目,经过3年的发展,截止到2015年初,宁波大宗商品交易所在省内外设立了100多家区域服务商,覆盖全国主要城市,初步形成集交易、物流、信息、金融等功能于一体的综合性现货交易服务体系。作为国家电子商务试点项目,宁波大宗商品交易所逐步形成了电子交易+电子仓单+全天候交收+基差结算的智慧贸易模式。通过引进商业银行,为交易商提供融资服务,包括仓单质押融资、未来仓单融资等线上和线下融资相结合的金融服务,有效地满足了企业融资需求,降低其融资成本,为企业交易商在日常经营和运转中的短期融资需求提供了快捷、高效的融资服务,同时还实现了交易、交收全流程的电子化,使得企业能够根据自身的需求选择商品交收的时间、数量、价格,有利于满足市场多样化的需求。这一创新给大宗商品期现货行业的流通带来了理论突破和实践探索,有效解决了交收匹配度和效率问题。除以新型的电子盘交易方式打造宁波的大宗商品交易平台之外,甬商所还积极创新金融服务,引进商业银行进入交易市场,提供资金监管、支付结算服务以及仓单质押等融资服务。这些金融服务,不仅能保证企业的资金和货物安全,也拓展了融资渠道,对融资需求比较强烈的中小企业来说,是缓解资金紧张、降低财务成本的有效途径。

二、宁波大宗商品金融发展成效

宁波大宗商品交易从生产资料市场建设起步,经过20多年的发展,市场规模不断增大,地位进一步确立,建立起了初具规模的大宗商品交易体系。拥有了以中国塑料城、镇海液体化工产品市场为代表的专业市场,以宁波神化、浙江远大、前程石化等为代表的一批高速成长的大宗商品贸易与运营商,以金田铜业、兴业铜业、镇海炼化、逸盛石化等为代表的一批大宗商品生产商,以原油、铁矿石、塑料、液体化工等品种为代表的市场交易量位居全国前列的交易品种。

宁波在不断创新大宗商品市场发展模式,一是积极发展电子商务平台。

如余姚塑料城推出了中塑现货电子交易平台,这是全球最大、最专业的塑料原料、助剂、配料在线交易平台,它所发布的中国塑料价格指数和塑料市场库存报告,已经成为国际塑料行情风向标。中塑仓单的价格也被英国路透社财经部门采用。二是发展专业化分工与产业化协作模式。如宁波神化通过整合国内外的研发、生产、加工资源,实现行业两头在外,中间在内的虚拟制造模式,成为生产资料流通模式创新的典型案例。宁波大宗商品电商平台逐步为浙江乃至全国的产业服务。甬商所在大宗商品交易品种延伸方面也不断进行创新尝试,如2014年4月国内首个皮革交易品种——牛蓝湿革(HNPG)在宁波大宗商品交易所上市交易。皮革经营具有较强的季节性,对资金的周转需求较大,但在皮革贸易中拖欠款现象时有发生,且皮革贸易商呈现数量众多而规模较小的特点,加上国内金融体系对中小企业的扶持力度不够,导致皮革贸易商融资成本激增,而牛蓝湿革现货电子交易为皮革企业提供交易、物流、金融、信息等专业服务。

三、宁波大宗商品金融服务体系现状

1.探索金融创新,构建综合性金融服务体系

通过引进商业银行为交易商提供融资服务,包括仓单质押融资、未来仓单融资等线上和线下融资相结合的金融服务,有效地满足了企业融资需求,为解决企业在日常经营和运转中的短期融资需求提供了快捷、高效的融资服务,同时还实现了交易、交收全流程的电子化,使得企业能够根据自身的需求选择商品交收的时间、数量、价格,有利于满足市场多样化的需求。这一创新给大宗商品期现货行业的流通领域带来了理论突破和实践探索,有效解决了交收匹配度和效率问题。

2.信贷投放逐年增加,贷款增量保持稳定水平

近年来,能源、矿产、农产品等大宗商品贸易日益活跃,由于这些商品标准化程度高、市场价格透明、容易变现并且具有现货和期货市场的特点,银行纷纷开发大宗商品贸易融资业务来解决客户贸易链上的融资问题。从整体来看,大宗商品融资规模逐年扩大。特别是甬商所成立以来,引进商业银行积极为大宗商品交易商进行融资业务,促进大宗商品市场稳步发展。

3.表外融资持续增长,资金供给方式逐步多元化

表外融资是指不需列入资产负债表的融资方式,目前发展较快的是转口贸易融资、海外代付、国内信用证、银行承兑汇票等。如宁波银行通过创

新合作模式、业务流程、金融产品,提供涵盖贸易融资、跨境贷款、投资银行、私人银行和跨境避险五大产品体系的跨境盈金融服务平台。该平台服务对象包括多家大宗商品交易商。截至 2014 年底,宁波银行跨境平台企业累计跨境贸易融资业务量已超过 70 亿美元。其中,仅 2014 年单个年度就超过了 41 亿美元,2014 年受惠于该平台服务的企业近 300 家。

4. 出台一系列金融政策,提供金融支持保障

加强与国内主要商业银行的战略合作关系,对参与大宗商品交易的结算银行而言,除了协助交易平台结算、划拨资金外,更重要的功能是解决贸易商的融资问题。根据交易商信用评级及授信额度等情况,宁波各主要金融机构能够提供承兑汇票、贴现、保理和信用证等多元化的融资解决方案,积极创新线上融资模式,提供订单融资和仓单质押融资服务,开办应收账款质押贷款、出口退税票据抵押贷款等业务,鼓励小额担保贷款公司业务向会员企业倾斜。

四、宁波大宗商品金融服务体系问题分析

1. 金融机构融资体量小且结构相对单一

宁波大宗商品融资的金融机构主要集中在银行。虽然甬商所与建设银行、工商银行、大宗商品产业银行、中国银行、光大银行、浦发银行、招商银行和宁波银行建立了第三方存管业务,但宁波金融机构支持大宗商品市场建设的力度仍有待提高。另外,宁波保险、融资租赁等金融机构在大宗商品融资服务中的参与程度较低,参与的保险业务比较单一。

2. 金融服务创新滞后于大宗商品市场发展

宁波金融机构对大宗商品质押融资服务关注力度不够,配套服务薄弱,不能提供大宗商品价格风险管理服务。宁波贸易商大多借助上海、香港的金融服务——在上海或者香港注册公司,与上海外资银行合作。另外,由于宁波金融机构信用体系不够健全,经常发生贷款拖欠的情况。

3. 人力资源要素短缺问题突显

宁波大宗商品市场蓬勃发展,交易品种涉及化工、金属以及农产品,但在快速发展过程中,人才紧缺问题突显。虽然国内不乏精通大宗商品产业、金融、物流、交易、法规的精英,但整合性高端智库的缺失使得各个领域的专家往往各自为战,难以形成系统性、完整性的企业行业战略团队,从而影响大宗商品市场发展的指导策略和长远规划。同时高校缺少该专业类型的人

才培养、行业从业人员没有从业资格可以考取、就业后没有相关专业的职业教育机构等原因,使行业内缺少大量专业型、复合型的高层次、实用型人才,这使得宁波大宗商品市场的发展缺乏长远的人才支撑。

4. 法治和监管缺失导致潜在金融风险积淤

2014 年下半年以来,大宗商品骗贷事件频频发生,从铜、铝、铁矿石等金属融资,到大豆、棕榈油等农产品融资;从青岛港融资骗贷事件,到天津港融资欺骗案,大宗商品融资的问题不断暴露,货物重复质押、虚假质押现象被揪出水面,现货质押的风险管理问题开始受到各方重视和审视,成为各家银行关注的焦点。除此之外,增设平台多头融资、超越合理期限挪用资金、伪造贸易骗取资金、联合第三方损害银行权益等事件也时有发生。法治和监管的缺失必然导致潜在金融风险积淤,而这种情况反过来加剧了银行金融机构对大宗商品融资的约束限制。目前,主要金融机构对涉及大宗商品的融资均采取关闭、限批等措施。

五、宁波大宗商品企业融资经济分析

目前,多数宁波大宗商品企业从银行、信托等金融市场很难拿到足够的贷款资金,甚至根本拿不到。主要是因为企业自身的问题,企业生产规模小、技术落后等,就算能拿到钱,手续也比较繁杂,宁波大宗商品企业往往耗不起这个时间。

例如,2015 年 8 月,审计署对 29 个省份和 29 个中央部门、7 个中央企业落实稳增长政策措施情况进行跟踪审计后发现,“大众创业、万众创新”政策在有些地区和主管部门落实不到位,其中一个主要问题就是大宗商品企业融资贵融资难问题依然较为普遍。审计抽查了 9 个省部分商业银行和 141 户大宗商品企业,发现大宗商品企业融资成本普遍偏高,广东省和吉林省 30 户企业 84 笔银行贷款中,46 笔承担了利息成本之外的其他费用,个别企业从商业银行贷款时当年的实际成本高达 12.5%;山东省大宗商品企业从小额贷款公司取得的贷款综合成本最高达 30%。大宗商品企业融资难度普遍较大,部分商业银行审批贷款时设置最低贷款额起点、贷款转存等附加条件,增加了企业融资难度。审计署抽查了宁波市 15 家大宗商品企业 2013 年以来申请的 52 笔贷款发现,36 笔贷款审批时间超过 30 天,最长为 210 天,融资审批难现象较为普遍。

由于类似的诸多困难,贷款公司成了大宗商品企业的借款主要选择。央行发布的数据显示,2013 年底时,全国贷款公司已达到 7839 家。贷款余额 8191 亿元,全年新增贷款 2268 亿元。但是由于贷款公司相对较高的利率,融资成本成为宁波大宗商品企业融资的最大瓶颈。大宗商品企业通过平台融资的成本在 15%～20% 不等,投资者、大宗商品平台、担保方的利益分成比例常达到 7：1.5：1.5,部分标的投资者获得的收益甚至更高。由于融资速度快、比民间融资成本低,企业融资成为大宗商品公司的重要选择。2016 年初的调查显示,企业融资的典型利率为民间借贷 18%～22%,典当行 30%～48%,小贷公司 24%～36%。另外,从实际运营情况看,尽管小贷公司的借贷利率并不低,但小贷公司的业务量却不低。

六、完善宁波大宗商品金融服务体系的对策建议

1.明确金融支持大宗商品市场发展的重点

一是设立大宗商品交易专项引导资金,用于对落户宁波的交易市场进行资金扶持、奖励以及对外宣传招商等的开支。二是给予税收和税费优惠措施。凡注册地在宁波市的交易商,其新建或购置生产经营场所,自建成或购置之日起,经批准可在 5 年内免征房产税。注册地为本市的会员企业,自开业之日起,经批准可享受国家支持新办第三产业企业的所得税优惠政策。三是研究出台航运税费政策。加快出台具有国际竞争力的航运税费政策和对航运企业从事国际航运业务免征营业税政策。四是积极支持宁波市场申请获取相关大宗商品交易的国家级品牌,支持全国三大期货交易所在宁波设立当地优势品种的商品期货交割仓库,推动现货向期货品转变,加快形成若干大宗产品交易的宁波价格。五是争取国家和省的保税扶持政策。推动整合海关特殊监管区,选择有条件区域设立保税物流园区或大宗散货保税港区。六是争取将上海国际金融中心、航运中心先行先试的部分政策平移至宁波,如启运港退税、离岸金融服务等政策。七是积极向上争取相关政策,探索建立宁波大宗商品电子交易结算中心,为全市大宗商品电子交易提供统一结算清算服务。

2.优化金融服务体系,促进金融服务机构多元化发展

组建包括银行、保险、融资租赁等在内的地方性专业金融机构,大力扶持银行、保险、融资租赁等金融机构开展大宗商品融资业务。近几年,中国银行在新加坡、上海分别成立大宗商品融资中心,并在伦敦、纽约成立专门团队,探索大宗商品金融服务。早在 2011 年 9 月,中国银行就在新加坡成立了首个境外大宗商品融资中心及首个境外福费廷业务中心。在新加坡设点,旨在整合亚太区机构的业务资源,发挥新加坡在东南亚区域经营中的统

筹功能,增强其在亚太地区贸易融资服务能力。同时还积极拓展上海自贸区,2014 年 2 月 28 日,中国银行与上海江铜国际物流有限公司合作,成功开展自贸区首笔大宗商品衍生品交易,中国银行开始为自贸区企业打通国际大宗商品套期保值交易通道。宁波金融机构可以参考中国银行的做法和经验。促进多元化金融机构集聚,加强与商业银行建立战略合作关系,对参与大宗商品交易的结算银行,除了协助交易平台结算、划拨资金外,更重要的功能是解决贸易商的融资问题。根据交易商信用评级及授信额度等情况,金融机构要积极提供承兑汇票、贴现、保理和信用证等多元化的融资解决方案,积极创新线上融资模式,提供订单融资和仓单质押融资服务,开办应收账款质押贷款、出口退税票据抵押贷款等业务。鼓励小额担保贷款公司业务向会员企业倾斜。

3. 创新金融服务业务,推动大宗商品金融市场特色化发展

大力发展互联网金融,鼓励金融机构发展企业开展 B2B 网上支付、大宗商品质押、抵押、保理业务等。互联网金融以大宗商品电子交易市场为载体,通过掌握在平台上开展交易的现货企业的各环节资金流、物流等众多信息形成大数据判断企业资信。而根据大数据信息和现货企业的资金需求特点,可以引入银行、保险、基金等不同金融机构,积极推进诸如在线保利融资、订单融资、票据融资、专利权融资等新型融资服务和模式。

4. 扶持本地保险机构,创新大宗商品贸易保险业务

近年来,随着市场交易规模不断扩大,仓单量、交割量、交割仓库数量也迅猛增多,加强仓单安全管理,防范仓单安全风险的工作更加重要。因此扶持宁波保险机构在已有财产保险的基础上,积极探索、研发涉及标准仓单的保险险种,为促进期货市场服务实体经济打上双保险非常重要。应积极探索银行、期货、企业的合作模式,逐步形成一套相对于此类衍生产品的成熟的责任体系。整合保险公司、期货公司、物流仓储公司,通过合作加强管理,达到整体风险缓释的效果。

5. 发展供应链融资,促进第三方支付和清算体系

随着全球大宗商品金融属性逐渐得到认可和实现,资本市场、电子交易市场在非均衡预期下对大宗商品市场的逆向选择,造就了大宗商品市场的繁荣和发展,当然也给大宗商品市场带来了激烈的价格波动,由此弱化了大宗商品的商品属性。从 2009 年开始至今,国务院多次发文要求理顺大宗商品市场的流通体系,并由证监会、商务部等多个部门研究具体办法,引导大

宗商品的现代化流通,清理整顿一批不合理的市场主体,最终实现商品属性、金融属性、价格发现能力均衡协调发展的大宗商品现代化流通新格局。

在主要以银行间接融资为大背景的国内融资体系下,其风险框架、市场机制及内涵驱动力在一定程度上决定了社会融资的效能和成本,这也造就了我国现有的融资生态系统。在以信息化为主导的全球化背景下,物流技术提升和释放了巨大社会生产力,因此,企业可以在全球范围内寻找资源进行匹配,并自觉地融入全球化产业链中,融入全球核心企业主导的产业供应链中,这种融入的结果产生了一种新型金融体系——供应链金融。尤其是大宗商品领域供应链融资成为近年来的一种趋势。

从理论上说,发达的现代物流是供应链融资实现的基础,电子商务兴起是供应链融资运作的助推器。以现代物流为基础的电子商务已经成为当前国家战略,其对大宗商品流通现代化起到了至关重要作用。电子商务在大宗商品行业中的运用极大改善了现有大宗商品的流通效率,改变了原来大宗商品的市场组织、竞争关系,实现了资金流、信息流、物流、商流的四流合一,让大宗商品在多业态下实现了跨界融合,通过政策引导和市场配置作用将支付、结算、保险、担保、检验、评估、资讯、通关通检等不同服务功能的市场主体进行有效协同,以供应链的核心企业作为起点,从银行传统的横向服务向纵向服务延伸,从传统的供应链线下融资向线上融资过渡,进而形成更加高效的在线融资产品,最终实现资金流的电子化和集成化。

6. 加强金融生态建设,助推金融信用环境持续优化

在大宗商品融资业务中,企业利用信用证套取、挪用银行资金的现象时有发生,这提高了各商业银行对大宗商品融资业务的警惕。如何在发展业务的同时,有效防范信用证被套现或挪用的风险,是金融机构需要认真思考的问题。从大宗商品融资的特点来说,它是综合运用各种授信理念给企业放贷款,主要关注企业的资产负债率;对于大宗商品融资业务,除了关注企业的资产负债表等报表以外,还要强调它的债项评价,它的销售产生现金流归还银行的融资,关注大宗商品本身代表的债项及背后产生的现金流,通过自偿性来评估整体风险,为企业核定专项授信额度。银行可以通过制定特殊的授信评级标准选择企业,或者要求办理融资业务的客户在本行开立的银行结算账户作为客户在期货公司唯一的期货保证金账户。同时客户必须在本行办理银期转账业务以及客户与期货公司的资金结算业务。加强对合作期货公司的选择,制定一系列准入标准,协助银行对办理标仓质押和结算

资金进行监管,提高大宗商品融资的信用环境。

7.积极储备专业人才,提供金融智力支撑

要引进一批高素质的大宗商品交易、交割及期货、金融、航运、物流等专业人才。要将大宗商品交易及相关配套产业专业人才纳入全市紧缺人才引进目录,相关部门和单位也要加强与国内外大院名校和专业研究机构的合作,实行专业培训、定向培养和招才引智,加快形成一支素质好、富有实践经验和创新精神的大宗商品交易专业人才队伍。建设和打造宁波大宗商品交易市场行业的高端智库,联合相关高校与科研机构进行专业人才培训,集中行业资源,培养高端人才。通过提升人才水平来提升宁波大宗商品行业整体竞争力。

8.积极借鉴国内外大宗商品金融经验

银行传统的质物监管、价格评估、放款流程和授信规模管理制度不能适应大宗商品价格波动频繁、流通周转快的要求。中小企业在实际融资中,很少使用银行的质押融资服务。因此,关联企业的应收账款率往往较高,资金周转较慢,经营风险较大。中小企业由于规模小、信誉记录少,信息透明度差,缺乏合适的质押物等原因,在遭遇资金短缺时难以从正规金融机构获得贷款。可以学习郑商所与银行及其他金融机构合作的方式,创新金融服务理念,充分利用交易、结算、物流三者的有机结合,开展仓单质押、未来仓单质押等双向融资服务,一方面可以为银行提供质押物监管、价格评估和资金封闭运营管理等多种服务,另一方面可以满足贸易企业对资金(特别是流动资金)的需求,为中小企业开辟一条快捷、有保障的融资通道。

美国经验表明,美国的大宗商品融资等金融服务主要由大型投资银行经营。大宗商品业务是欧美大型投行的一项核心与战略性的业务,一度被视作华尔街的吸金器,大型投行的大宗商品融资业务已经从边缘业务转变为真正的核心业务。在美国,高盛是较早参与实物商品业务的投行之一,高盛在1981年买下J. Aron,当时J. Aron只是一家专精于咖啡及黄金的小交易商。不久之后,摩根士丹利也跨入大宗商品市场,在内部发展这项业务。随后,在大宗商品业务上,形成高盛集团、摩根大通、摩根士丹利、德意志银行和巴克莱银行五大巨头并存的格局。

拥有大量仓储仓库、运输、实物资产和交易,是大型投行大宗商品业务的一大特征。高盛、摩根大通拥有大量仓储资产,LME(伦敦金属交易所)公布的全球认证仓库名单显示,在全球共有719个认证仓库,其中摩根大通旗下的亨利·巴斯集团(Henry Bath Group)控制了 77 个,高盛旗下的 MITS 控制了 112 个。摩根大通曾在全球原油、北美电力、北美天然气、欧洲电力、欧洲天然气、基本金属、煤炭以及金属仓库等领域拥有实物大宗商品资产和交易业务。

　　新加坡经验也可借鉴。星展银行是新加坡最大的商业银行,在贸易融资、流动资金融资等短期银行信贷服务方面非常活跃。2014 年 1 月 27 日,星展银行的上海自贸区支行成功为浙江吉恩仕国际贸易有限公司执行了定制的跨境外币信用证融资方案,这是外资银行在上海自贸区执行的第一单贸易融资。星展银行发挥其离岸金融优势,提供了一套完善的个人及企业银行和财务金融服务。例如,对于做棕榈油等大宗商品贸易的印度尼西亚客户,星展银行的私人银行部门会帮他们与来自中、印、新加坡等国需要购买这些商品的客户建立贸易往来,再联合企业银行部、投行部等部门,为双方提供一站式的投融资解决方案。在上海自贸区的布局中,星展银行也抢在前面。其主要通过区内的分支公司连接境外、境内区外、自贸区内的各个关联公司,开展人民币跨境现金池业务,借此为企业节省融资成本。目前,星展银行(中国)有限公司上海自贸试验区支行已经协助客户完成了以下业务:开设账户、提供信用证融资业务、办理同业代付业务、协助办理人民币境外借款业务。

第六章　宁波大宗商品贸易协同建构

第一节　宁波大宗商品贸易总体特征

一、宁波进出口贸易总体特征

宁波港目前成为我国重要的港口之一,它位于我国海岸线中段,经济发达的长江三角洲地段。宁波是目前我国华东地区重要的工业城市和对外贸易口岸,已经成为经济增长和进出口贸易快速发展的一大城市。进出口贸易对宁波经济的增长具有很大的带动作用,所以,宁波应大力发展出口贸易,扩大进出口量,提高进出口增长率,充分发挥进出口对经济增长的作用,大力推动先进技术的进出口,加速经济增长方式的转型,引进国内外的先进技术,加快产业结构的优化和升级。对国内外技术的引进与创新,可以大力发展我国经济,使宁波出口商品也逐渐实现向高科技、高资本、高发展方向发展,进一步加快我国经济转型。图 6-1 是宁波 2005—2014 年的进出口额变化趋势。

由图 6-1 可见,宁波作为港口城市,自对外开放政策实施以来,其经济伴随着对外贸易的迅速发展而高速增长,外贸对全市经济发展的拉动作用进一步增强。近 10 年来,宁波市对外贸易进出口总额总体稳步上升,只有 2009 年明显下降。进出口总额中,出口占主导地位,占进出口总额的 60%~70%,并且增长趋势明显,增速有上升趋势。而宁波市进口额从 2012 年

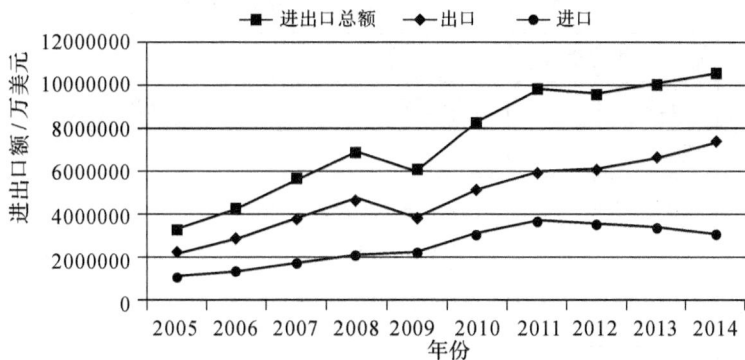

图 6-1　宁波进出口额(2005—2014 年)

开始逐年下降。

二、宁波大宗商品进出口现状

宁波作为长三角南翼的经济中心,制造业发达,依托全球吞吐量最大的港口宁波—舟山港,近年来逐步发展成为我国重要的大宗商品贸易和物流中心。根据国务院于 2011 年 2 月正式批复的《浙江海洋经济发展示范区规划》,宁波将通过构建大宗商品交易平台、海陆联动集疏运网络、金融和信息支撑系统三位一体的港航物流服务体系,建设我国大宗商品国际贸易和物流中心。本书使用宁波市对外贸易经济合作局的统计数据进行分析,但是由于数据只统计了排名前 20 位的大宗商品数据,因此无法确保全部大宗商品数据被统计在内,但基本上能覆盖到绝大多数大宗商品数据。我们选取了能源化工、金属、农产品三类,其中进口产品中,能源化工包括初级形状的塑料、腈基化合物、对二甲苯、苯乙烯、己内酰胺、废塑料、原油、氯乙烯、原木、对苯二甲酸、液化石油气及其他烃类气、二甲苯、乙二醇、聚对苯二甲酸乙二酯废碎料及下脚、煤、纸浆、成品油、合成橡胶(包括胶乳)。金属包括钢材、未锻轧镍、废金属、废铜、未锻造的铜及铜材、铁矿砂、镍矿砂。农产品包括棉花、粮食、食用植物油。出口产品中,能源化工选取成品油,金属选取钢材、未锻造的铜及铜材、未锻轧镍和稀土,农产品选取水海产品。分别绘制成表和图,如表 6-1,图 6-2 所示。

表 6-1　宁波市对外贸易经济合作局对三类大宗商品进口的细分

	初级形状的塑料	腈基化合物	对二甲苯
能源化工	苯乙烯	己内酰胺	废塑料
	原油	氯乙烯	原木
	对苯二甲酸	液化石油气及其他烃类气	二甲苯
	乙二醇	聚对苯二甲酸乙二酯废碎料及下脚	煤
	纸浆	成品油	合成橡胶(包括胶乳)
金属	钢材	未锻轧镍	废金属
	废铜	未锻造的铜及铜材	
	铁矿砂	镍矿砂	
农产品	棉花	粮食	食用植物油

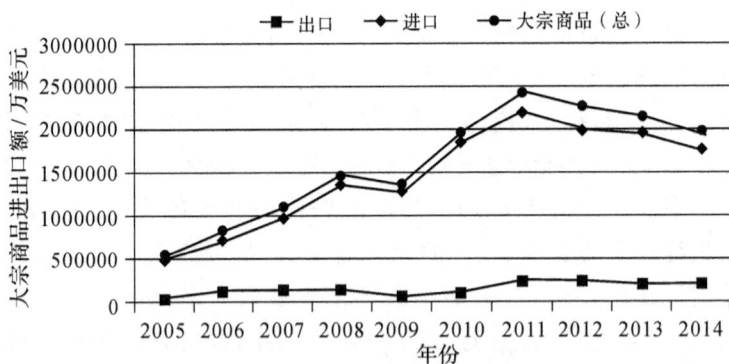

数据来源:宁波市对外贸易经济合作局。

图 6-2　宁波市大宗商品进出口额(2005—2014 年)

　　由图 6-2 可见,宁波市大宗商品进出口总额从 2005 年开始稳步上升,除了 2009 年有所下降,2010 和 2011 年都有较大幅度上涨,但自 2012 年开始出现下滑,并且下降速度较快。另外,宁波市大宗商品交易主要以进口为主,占 90% 以上,出口占比极少,不到 10%,而且只呈现略微上升趋势。

三、宁波大宗商品贸易结构总体特征

　　作为全球最大的大宗商品消费国,中国大宗商品的进口依存度一直保持稳定增长。同时,在国家资源储量恒定的背景下,随着国家对矿产资源采取开采保护、产量限制、出口管制等战略性保护措施的力度不断加大,未来国家对大宗商品消费需求将更加依靠进口来满足。作为中国经济对外的窗口,宁波完全有能力以此为契机,凭借其良好的区位条件及产业基础,成为承接大宗商品企业与交易市场在华布局的最有利地区之一。本书选取2005—2014年能源化工、金属、农产品在宁波市进口额中的比重来分析宁波市大宗商品贸易结构总体特征(如表6-2所示)。

表 6-2　2005—2014 年宁波大宗商品进口额分类汇总

年份	总进口/万美元	能源化工/万美元	占比/%	金属/万美元	占比/%	农产品/万美元	占比/%
2005	470688	341023	72.5	129665	27.5	0	0.0
2006	707402	487842	69.0	219560	31.0	0	0.0
2007	983197	556399	56.6	420415	42.8	6383	0.6
2008	1356963	671865	49.5	601325	44.3	83773	6.2
2009	1288588	734845	57.0	499449	38.8	54294	4.2
2010	1866491	863366	46.3	944387	50.6	58738	3.1
2011	2215981	982784	44.3	1166772	52.7	66425	3.0
2012	2015012	987439	49.0	961321	47.7	66252	3.3
2013	1962993	1025758	52.3	904891	46.1	32344	1.6
2014	1757568	1011573	57.6	734350	41.8	11645	0.7

数据来源:宁波市对外贸易经济合作局。

由表6-2可见,在宁波市大宗商品进口额中,占主导地位的是能源化工,虽然宁波市总的进口额在2012年开始下滑,但能源化工每年的进口额都稳定增长,且占宁波市总进口额的50%左右。而金属在2005年至2011年以较快速度上升,在2011年达到顶峰,2012—2014年有所下降,但占比还算稳定。农产品在2007年才开始有进口额,且占比极少,并且没有上升趋势,一直呈下降趋势。

表6-3为宁波市大宗商品2005—2014年的出口额以及能源化工、金属和农产品占比情况。从表6-3中数据发现,宁波市大宗商品出口额较少,在宁波市总进出额中的比重很低,并且每个分类的出口额也不稳定。2005年只有能源化工有出口,2008—2010年只有金属有出口,金属的出口相对比较稳定,从2006年开始维持在10亿美元左右。总的来说,宁波市大宗商品出口较少,没有明显规律性特征。

表 6-3　2005—2014 年宁波大宗商品出口额分类汇总

年份	总出口/万美元	能源化工/万美元	占比/%	金属/万美元	占比/%	农产品/万美元	占比/%
2005	40580	40580	100.0	0	0.0	0	0.0
2006	121552	36025	29.6	85527	70.4	0	0.0
2007	120408	14204	11.8	106204	88.2	0	0.0
2008	133319	0	0.0	133319	100.0	0	0.0
2009	56751	0	0.0	56751	100.0	0	0.0
2010	116824	0	0.0	116824	100.0	0	0.0
2011	234095	43091	18.4	191004	81.6	0	0.0
2012	250106	47687	19.1	134627	53.8	67792	27.1
2013	197402	0	0.0	124238	62.9	73164	37.1
2014	189858	0	0.0	112874	59.5	76984	40.5

数据来源：宁波市对外贸易经济合作局。

第二节　宁波大宗商品贸易结构与经济增长关系

一、大宗商品对宁波对外贸易贡献率

1. 大宗商品对宁波进出口总体贡献率

根据对外贸易统计局统计的宁波大宗商品进出口总额的数据，以及宁波市历年进出口总额数据，本书以 2006—2014 年大宗商品贸易总额增长量占宁波市对外贸易总额增长量之比作为大宗商品进出口总额对宁波市对外贸易的贡献率，绘制成折线图（如图 6-3 所示）。从图中可见，从 2006—2011 年，大宗商品进出口贡献率都比较平稳，徘徊在 20%～40%之间。从 2012 年开始出现反常，2012 年大宗商品进出口的贡献率达到了 114.5%，主要是因为 2012 年的大宗商品进出口总额增长量和 2012 年宁波市进出口总额都为负，相除之后贡献率得正，而 2013 年和 2014 年的大宗商品进出口额增长量都为负，导致这两年大宗商品在宁波市对外贸易中的贡献率为负，说明这三年，大宗商品的进出口没有上升，反而下降，对宁波市这三年的对外贸易没有贡献。

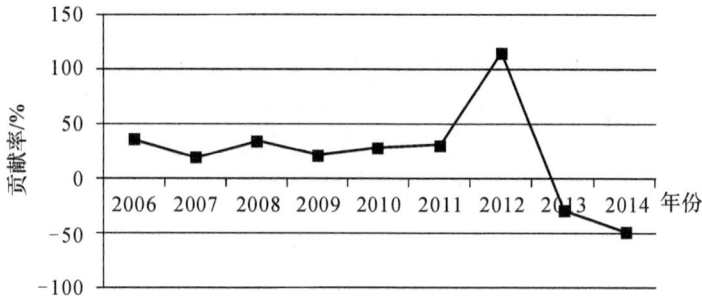

图 6-3　2006—2014 年大宗商品进出口总额对宁波市进出口的贡献率

2. 大宗商品出口对宁波出口贡献率

图 6-4 为 2006—2014 年宁波市大宗商品出口对宁波市出口的贡献率。从图中可见,大宗商品出口贡献率呈现不规则的变化,没有明显的规律可循。其中,2007 年、2009 年、2013 年、2014 年宁波市大宗商品出口增长量都为负,而宁波市出口量增长为负的只有 2009 年,所以大宗商品出口贡献率在 2007 年、2013 年和 2014 年为负,在 2012 年贡献率较高。

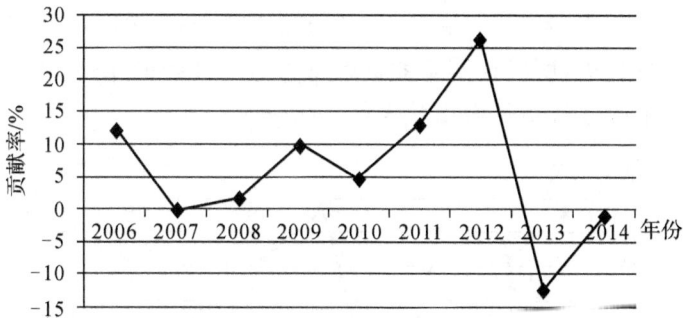

图 6-4　2006—2014 年大宗商品出口对宁波市对外贸易出口的贡献率

3. 大宗商品进口对宁波进口贡献率

图 6-5 为 2006—2014 年宁波市大宗商品进口对宁波市进口的贡献率。从图中可见,除了 2009 年出现较大波动以外,其他年份贡献率相对比较稳定,并且都在 50%～100%,说明宁波市大宗商品进口对宁波市总的进口额贡献较大,宁波市大宗商品主要以进口为主,并且,在宁波市进口额中,大宗商品所占比例较大。而 2009 年出现较大波动,主要是因为大宗商品的进口增长量为负值,另外,2012 年、2013 年、2014 年大宗商品进口额和宁波市总的进口额增长量都是负值。

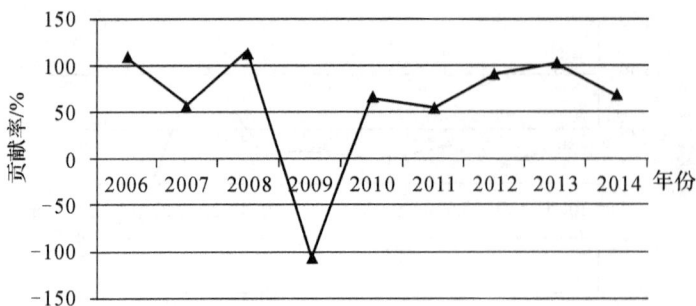

图 6-5   2006—2014 年大宗商品进口对宁波市对外贸易进口的贡献率

二、大宗商品对宁波市经济增长贡献率

1. 大宗商品进出口对宁波市经济增长总体贡献率

根据对外贸易统计局统计的大宗商品进出口总额的数据,以及宁波市统计年鉴的历年区域 GDP 总额数据,本书以每年宁波市大宗商品进出口额增长量占宁波 GDP 增长量的比重作为宁波市大宗商品对外贸易对宁波市经济增长的贡献率。

由图 6-6 可见,由于 2009 年、2012 年、2013 年和 2014 年大宗商品进出口总额增长量为负,所以这四年的贡献率为负。其余的年份,大宗商品的进出口对宁波市的经济增长做出较大的贡献,都在 30%～50%。

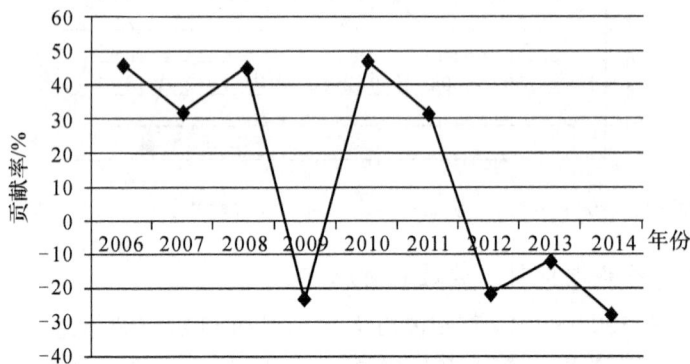

图 6-6   2006—2014 年大宗商品进出口对宁波经济增长贡献率

2. 大宗商品出口对宁波经济增长贡献率

图 6-7 为 2006—2014 年宁波市大宗商品出口对宁波经济增长的贡献率。总体而言,与大宗商品进口相比,出口对宁波市经济增长贡献较小。

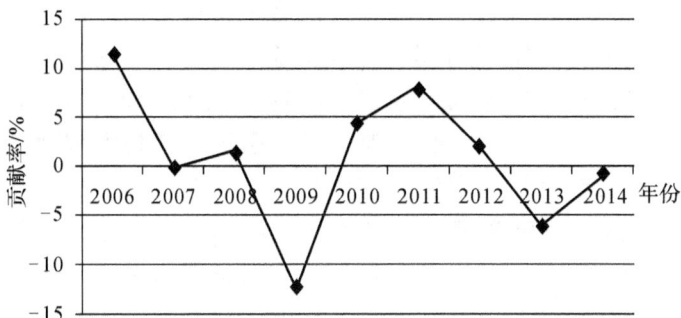

图 6-7 2006—2014 年大宗商品出口对宁波经济增长贡献率

3. 大宗商品进口对宁波经济增长贡献率

图 6-8 为 2006—2014 年宁波市大宗商品进口对宁波经济增长的贡献率。因为宁波市大宗商品主要以进口为主,所以大宗商品进口对宁波市经济增长贡献率较大,除了个别年份,其他年份的贡献率都在 20%~50%。

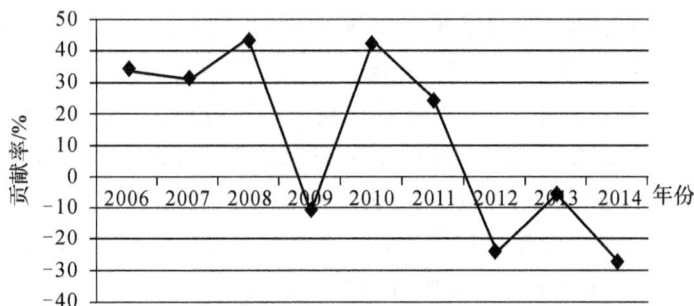

图 6-8 2006—2014 年大宗商品进口对宁波经济增长贡献率

三、宁波大宗贸易结构与经济增长关系实证

尽管 2014 年宁波大宗商品贸易微增,但宁波对"一带一路"倡议沿线国家及新兴市场国家的出口保持了两位数以上的高增长。这表明,"一带一路"倡议沿线国家及新兴市场国家已成为宁波大宗商品贸易的新增长点。2014 年宁波对欧盟、日本出口同比分别减少 9.3%、6.9%,对美国出口则同比增长 3.7%,而对新兴市场国家出口表现强劲,对东盟国家、俄罗斯、巴西出口同比分别增长 10.7%、11.7%、7.2%。目前,东盟已上升为宁波第三大贸易伙伴。

从宁波大宗商品进出口贸易及贸易结构现状的分析中,大致可概括出宁波现阶段大宗商品贸易结构的主要特征:①宁波大宗商品贸易潜力巨大,具有良好可预期增长空间;②宁波大宗商品进口市场面广,信息度高,已将国内、国际市场融为一体;③宁波大宗商品企业进口自主性高,投机性大,容易受国内外市场波动、国家政策调控的影响,稳定性较低;④宁波大宗商品在进口贸易在数量上已初具规模,但相对于引进高新技术带动国内生产和技术进步仍有一定差距;⑤宁波大宗商品贸易企业单体上有的已形成一定实力,但整体上缺乏团队凝聚力和抗强风险力;⑥宁波大宗商品贸易总额不高,且逆差较大,受交通地理位置等原因影响,港口贸易货物集散——吸聚性不高。

宁波长期与众多国家和地区开展大宗商品贸易。这种对外经济合作形式是否会促进宁波 GDP 的增长?尤其是在进口方面,宁波从不同国家进口不同类型的商品,这种进口贸易的具体结构是否也会对宁波 GDP 增长有所影响?为此,本书选择了四个与宁波在大宗商品进口贸易方面合作较多的国家为样本,通过实证方法分析宁波大宗商品进口贸易结构与宁波 GDP 增长之间的关系。

考虑到进口额度、货物结构等方面的因素,我们选择美国、德国、日本、印度四个国家作为样本,研究宁波与这些国家的大宗商品进口活动对宁波经济增长的影响。其中,日本主要是钢铁等资源类产品,美国主要是能源类产品,德国主要是金属制品,印度主要是铁矿砂(及其精矿、钢材、钢铁板材)、铬矿砂(及其精矿、氧化铝初级形状的塑料、初级形状的聚乙烯、初级形状的聚丙烯)、锰矿砂(及其精矿)等产品。由此可见,宁波在对不同国家的不同大宗商品货物进出口结构等方面存在很大差别。

首先,分析进口区域结构与宁波 GDP 增长之间的关系。我们采用 2005—2014 年宁波与美国、德国、日本、印度四国的进口总额数据,各数据通过相应年份人民币对美元平均汇率转换为人民币。为消除价格因素影响,我们用居民消费价格指数 CPI 将其转化为 2005 年不变价格。数据来源于《中国统计年鉴》和《中国海关相关统计年鉴》。具体公式如下:

$$P_{im,gdp} = \frac{Cov(im,gdp)}{\sigma_{im} \times \sigma_{gdp}}$$

其中,$Cov(im,gdp)$ 表示一国进口总额与宁波 GDP 的协方差,im、gdp 分别表示一国进口总额与宁波 GDP 的标准差,σ_{im}、σ_{gdp} 分别表示两者的相关系数。计算发现,各国与宁波 GDP 的相关系数均达到 84% 以上,这说明两者之间存在很大的关联性,因此我们可以建立以下模型:

$$GDP = R \times Country + C$$

代入数据进行回归可得如下结果(如表 6-4 所示):

表 6-4 宁波大宗商品进口区域结构与 GDP 增长之间的关系

	美国	德国	日本	印度
常数项 C	100006930.35*** (10.83)	10145856.33*** (10.99)	10010892.54*** (11.03)	10183318.57*** (11.20)
系数 R	1.40*** (4.357)	0.78*** (4.278)	0.13*** (4.459)	0.77*** (4.279)
R^2	0.70	0.70	0.71	0.70
F 统计值	18.98	18.32	19.88	18.87

注:*** 表示在 5% 的水平下显著,括号内数据表示 T 统计值。

回归结果均在 5% 的水平下显著,但拟合优度效果一般,这可能是由于影响宁波经济增长的因素众多,进口区域结构只能解释其部分效应。根据上述实证结果,我们认为,宁波 GDP 增长与其大宗商品进口贸易区域结构之间具有显著正相关性,但国别效应表现出明显差异性。其中美国效应最大,德国与印度次之,日本效应最弱。

其次,分析进口货物结构与宁波 GDP 增长之间的关系。我们采用 2005—2014 年宁波排序前三位的进口商品数据进行分析,数据如表 6-2 所示。

具体公式如下:

$$P_{ix,gdp} = \frac{Cov(ix,gdp)}{\sigma_{ix} \times \sigma_{gdp}}$$

其中,Cov(ix,gdp)表示 i 物品进口总额与宁波 GDP 的协方差,ix、gdp 分别表示 i 进口总额与宁波 GDP 的标准差,σ_{ix}、σ_{gdp} 分别表示两者的相关系数。计算发现,三类进口物品与宁波 GDP 的相关系数均达到 90% 以上,说明三类进口物品与 GDP 之间存在很大关联性,因此我们可以建立以下模型:

$$GDP = R \times ix + C$$

代入数据进行回归所得结果如表 6-5 所示。

表 6-5　宁波大宗商品进口货物结构与 GDP 增长之间的关系

产品类别	能源类产品	金属类产品	农产品
常数项 C	100017530.35***	10132148.33***	100112362.54***
	(10.97)	(11.19)	(12.07)
系数 R	1.23***	0.81***	0.16***
	(4.752)	(4.178)	(4.381)
R^2	0.70	0.70	0.71
F 统计值	18.28	18.52	19.11

注：*** 表示在 5% 的水平下显著，括号内数据表示 T 统计值。

回归结果均在 5% 的水平下显著，拟合优度效果一般，这可能是由于影响宁波经济增长的因素众多，进口货物结构只能解释其部分效应。根据上述实证结果，我们认为，宁波 GDP 增长与其大宗商品进口贸易货物结构之间具有显著正相关性，但产品类别效应表现出明显差异性。其中，金属类效应最大，农产品次之，能源类产品效应最弱。

第三节　宁波大宗商品贸易新兴主体培育

一、产业主体培育

增强创新能力。大宗商品市场产业主体研发投入继续增长，创新体系进一步完善。宁波是名副其实的制造大市，塑机、模具等大宗商品产业发展良好。如今，工业设计产业的蓬勃之势，成为宁波制造转向宁波创造的新支点，大宗商品制造业转型的步伐由此提速。

促进交易集聚。大力推进宁波杭州湾新区、梅山保税港区、新材料科技城等产业集聚区建设，产业发展整体布局进一步完善，如打造国家海洋重型装备先进制造业基地，实现北仑、象山联动发展，形成产业链合作和延伸等。大力推进电商换市。突出培育重点产业主体企业，切实改变转型普惠制，努力形成产业链企业联动发展的良好格局。

二、运营商主体培育

在运营商方面，宁波在大宗商品领域比较有影响力的，如电镀镍行业的宁波神化，从本质上来说属于大宗商品的贸易商和深加工商，虽然企业规模做得十分庞大，但缺乏物流和金融服务协同，无法成为真正意义上的大宗商品运营商，处于产业链底端，缺乏议价能力，只能作为大宗商品价格接受者。

因此,应积极培育大宗商品市场新兴运营商主体。从长远来看,全球大宗商品将进入运营时代,大宗商品领域也将会随之产生具有地域特色的专业化运营商。运营商主体站在全球化高度并且具备全球化思维,具备在某个商品上主动在全球范围内调配、配置资源的能力,并且能对价格形成机制产生关键性影响。

三、金融主体培育

健全完善大宗商品市场支付一站式综合服务体系,深入开展供应链金融服务。积极对接国家战略"一带一路"倡议(大宗商品是国家"一带一路"倡议的重要部分)。优化大宗商品金融生态。加快推进宁波大宗商品产业国际产能合作。

四、平台主体培育①

大宗商品市场交易具有供需量大、次数多、价格波动大、产区分散但需求分布广泛等特点,采用传统市场交易的成本较高,而且商品物流重复往来使得整体交易效率较低。因此,平台主体培育的重点在于提高交易匹配效率、建设具有集聚功能的仓储中心和物流网络、降低商品交易信息搜索和获取的成本以及稳定市场价格等方面(如图 6-9 所示)。除了平台原有交易功能的提升和完善外,可加强信息服务、物流服务和金融服务的创新。

---

① 宁波大宗商品交易市场(平台)发展势头良好,钢材、液体化工、有色金属等品种市场交易量位居全国前列。宁波大宗商品交易所阴极铜和 PTA 两个交易品种成交量大幅增长;宁波神化化学品公司的镍金属交易平台的交易量已占到国内现货市场的 40%,全球现货市场的 9.2%;中国塑料城网上商城成功入选首批省重点电子商务第三方平台。

从目前已建和在建的镇海液体化工产品交易市场、大榭能源化工交易中心、余姚中国塑料城等 10 多个大宗商品市场平台可以看出,宁波大宗商品交易市场平台经营品种多样,但内部区域之间存在着交易平台同构倾向,功能布局不够合理,缺乏综合型的交易平台。通过问卷调查,从企业角度看,85% 的企业认为上下游产业链之间合作不够紧密,78% 认为市场平台过于分散,规模化程度不高(调查的企业 17% 是产业链的,产业客户参与少)。这在一定程度上反映出大宗商品现货市场成熟度低,服务现货实体经济功能有待进一步完善。

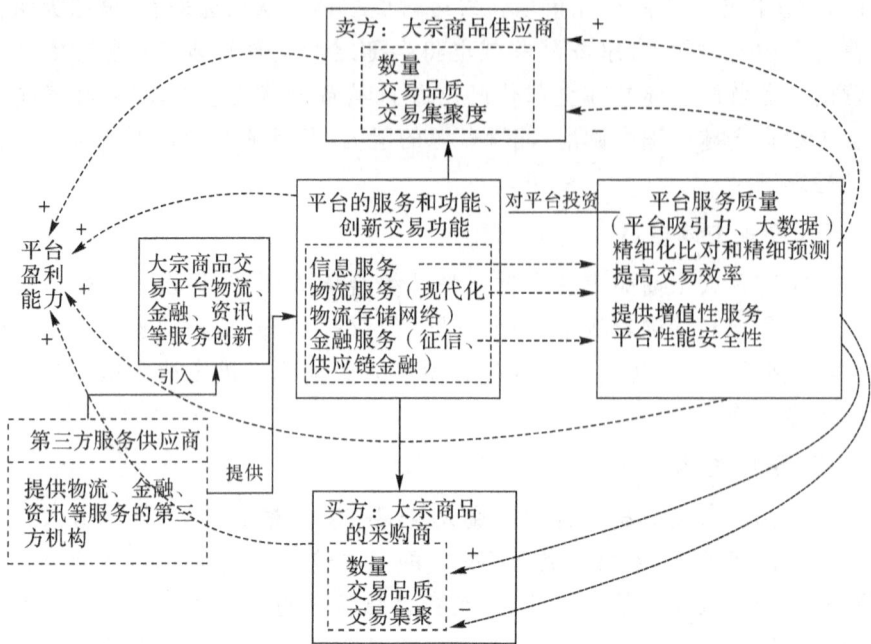

图 6-9　大宗商品市场平台主体培育动态演化机理

第四节　宁波大宗商品贸易港口经济圈协同

一、宁波"港口经济圈"能级能量增加

宁波特色"港口经济圈",是以宁波舟山港为中心,以宁波市与腹地城市群为载体,本着开放、协同、共享、包容、共赢的理念,以港口产业链为主要支撑,产业链、价值链、供应链、服务链、创新链协同,以综合运输体系和海陆腹地为依托,实现具有"圈层联动、线性辐射、创新驱动、产业引领"特征的区域经济发展共同体。如果把"港口经济圈"看成一个"同心圆",同心圆的能级大不大、辐射力强不强,关键看核心区域本身能量的高低,以及发射的"射线"的长度和密度。

1. 圈层带动显著,核心区域能级能量有待提升

宁波港口经济圈依托核心区形成若干环形空间,以宁波为中心,通过核心区、辐射区紧密的功能串联,将产业链、价值链、供应链、创新链、服务链有

机协同,引导人流、物流、信息流、资金流等生产要素高效流动,形成产业链支撑的关系网络集成与区域分布,最终形成"中心—亚中心—非中心"的辐射型圈层体系。

宁波港口经济圈以宁波—舟山港为支点,以主圈层城市为核心,以圈内外互动型城市和境(国)外关联拓展型城市为依托,形成一个跨地域的新型经济发展共同体。宁波港口经济圈主体城市主要分布于东部沿海的浙闽两省以及长江沿线的赣皖两省,占地 1979.5 万平方公里,常住人口 9607 万。2016 年宁波市实现地区生产总值 8541.1 亿元,占全国的 1.15%,同年外贸总额 11666.4 亿元,占宁波港口经济圈的 42%,占全国的 4.8%,2016 年宁波舟山港货物吞吐量 9.2 亿吨,居全球第一位。核心区对外贸易基础条件在宁波港口经济圈内圈层带动效应显著,带动辐射能力巨大。内贸方面,宁波港口经济圈中的浙江区域是市场大省,经贸平台在国内堪称顶尖。义乌小商品城、浙江余姚塑料城等各类商品交易市场星罗棋布,在国际上也享有盛誉。浙江投资贸易洽谈会、义乌国家小商品博览会等成为圈内经贸交流的重要平台,极大地促进了圈内城市的经贸往来和战略合作。宁波港口经济圈的建设,将推动圈内各支点城市发挥优势、找准差距、互补组合,形成以经贸往来为纽带的港口经济圈新格局。同时,我们也应该看到,宁波作为港口经济圈的核心城市,尽管在对外贸易、港口经济产业等方面有明显优势,但在经济总量、创新辐射带动能力、高端产业链带动等方面的引领还不够,需要进一步发展以提高自身对港口经济圈层的带动作用。

2. 逐步形成线性辐射格局

宁波港口经济圈对外辐射将沿着港口航线、多式联运线路、传统贸易走廊、电商网络等线性路线,使大宗商品、工业制品、高技术等产业要素贸易流转中心向人才、金融、知识产权等资源配置中心转变,未来有望从一维线性联系过渡到多维非线性链接。

宁波港口经济圈的建立,将会深化浙江、安徽、福建、江西等地区之间多方面、多形式、多层次的合作,形成一个多点进进、全面开放发展的新局面。宁波港口经济圈陆向辐射,通过"甬新欧"大陆桥向中亚、中东欧辐射,形成与丝绸之路经济带和长江经济带的战略互动;另一条海向辐射,通过海上航线连接 21 世纪海上丝绸之路,通过东北向海上航线的日本、韩国,以及北极航线辐射,通过东盟诸国经马六甲海峡向中东、欧洲辐射。加快与"一带一路"倡议沿线国家的港口、经贸、人文等的交流与合作,搭建合作平台、推动国际贸易便利化改革,全面提升港口经济圈的开放度。同时,辐射举措也重拳出击,2015 年 9 月 29 日,宁波舟山港集团成立,实现了以资产为纽带的宁波舟山港实质性一体化。在此基础上,省海港集团对嘉兴港、温州港、台州港和义乌陆港进行了整合,同时积极发展"无水港"和海铁联运等多式联运,吸引内陆工厂、物流企业、船公司选择货走宁波舟山港,进一步把港口的影响力和揽货能力延伸到内陆地区。五年来,宁波舟山港在内陆"无水港"集装箱量年均增速达到 40%,2016 年集装箱海铁联运箱量完成 25 万标准箱,主动对接"一带一路"倡议,港口经济圈焕发新活力。2016 年,宁波舟山港仅东南亚航线就新开 8 条,总数升至 26 条。面向"21 世纪海上丝绸之路"的箱量占外贸总箱量的六成左右,"一带一路"倡议沿线国家的货物吞吐量占全港货物吞吐量的四成左右。但同时我们也要看到,与同类型的青岛、大连、深圳相比,宁波港口核心区的基础设施还不够完善,互联互通还存在不少障碍。

3. 核心区域能级能量爆破力有待再提升

高水平的区域经济发展需要经济发展方式向创新驱动转型,事实上要素驱动、投资驱动与创新驱动并非完全冲突替代,相反技术创新和服务创新需要大量高质量的物质、资金和劳动力投入。2016 年宁波发明专利 19328 件,比上年增长 20.4%;发明专利授权 5669 件,增长 4.7%。全年有 137 项科技创新获得国家自然科学基金项目支持,规模以上工业科技活动经费支出 205.9 亿元,比上年增长 12.1%。规模以上工业新产品产值 4613.7 亿元,增长 14.3%,新产品产值率提高到 32.0%,再创历史新高。宁波"港口经济圈"要打破以往以传统港航物流服务业态创新、传统工业产品创新与技术创新等为主且战略新兴产业发展不强的格局,从产品技术创新、业态创新为主逐渐过渡到产品技术创新、业态创新同组织创新、管理创新、服务创新并重发展格局,率先构建区域经济共同体的创新驱动。当前的主要问题是自主创新基础条件不足,港口经济圈内部科技人才短缺,科研机构和高校的数量和质量都不足以支撑宁波港口经济圈的可持续发展。港口经济圈的能量能级提升需要靠创新驱动战略引领。

4. 港口经济产业引领

对于宁波港口经济圈建设而言,特别是在当前互联网技术背景下,新的产业集群产业链融合,对区域经济具有决定性的因素。更强的产业引领,才能使港口经济圈形成有机体。因为上下游产业链配套的完整程度,最直接关系到圈内企业长期的生产成本,如果圈内的产业链配套完整,长远来看,实际上比简单的各种政策优惠更能直接地降低引资企业的生产成本,因此更能形成产业聚集效应,激发宁波港口经济圈构建区域现代产业体系,带动产业转型升级的巨大潜力与能量。

借助宁波传统贸易、临港工业等提升圈内各产业的发展水平,重点发展以临港工业为主体的先进制造业;以港航服务为龙头的现代服务业;以新材料、新装备、新一代信息技术为代表的战略新兴产业是当前重点产业建设的关键。宁波港口经济圈内部各产业发展水平有一定的差异,并呈现梯度分布的结构,但从某种程度上可以说明圈内产业分布互补性较强,分工合作空间较大。在当前服务经济已经全面到来的阶段,高端服务业,特别是高端生产性服务业和知识密集型服务业的引领作用亟待提高,如高端财富管理银行业务、互联网平台企业、大宗商品运营商、跨境电商平台等,这些新经济业态发展不足,引领效应不足。

二、大宗商品产业是宁波"港口经济圈"能级能量增加的新引擎

1. 大宗商品贸易与区域产业紧密对接提高了港口经济圈的"射线"密度

宁波港口经济圈内化工、造船、轻纺、汽车、机械等产业基础雄厚,内、外贸经济水平较高,而且各个城市在功能定位和经济总量上的差异使区域经济内形成了良好的黏合剂效应。大宗商品是以上产业的中间投入品,凭借强有力的内外贸集聚、宁波舟山港优质深水岸线资源,大宗商品产业成为贸易与制造产业深度对接的产业,成为港口经济圈"射线"密度增强的重要举措。经过多年的培育和发展,宁波港口经济圈核心区域有中基贸易、浙江远大、前程石化、银亿进出口、中宁化集团等一批高速成长的大宗商品贸易与运营商,形成了金田铜业、兴业铜业、镇海炼化、逸盛石化等一批大宗商品生产商。圈内不少大宗商品运营企业、制造业企业与核心区的大宗商品产业通过贸易、交易和物流紧密联系,相互配合,各种产业链、供应链、服务链相互交织。

正因为贸易与产业的紧密对接,使得宁波舟山港成为我国重要的集装箱远洋干线港、原油转运基地、液体化工储运基地、最大的铁矿石中转基地以及华东地区重要的煤炭、粮食储运基地。一方面,要发挥大宗商品贸易优势,构建以宁波舟山为主枢纽港、配以嘉兴温州台州等区域性港口、其他中小港口的具有不同层次、功能互补性的浙江港口群,提升港口群的经济集聚和产业辐射能力,有效降低社会物流成本。另一方面,随着大宗商品贸易自由化的推进,保税贸易、中转贸易、离岸业务比重将显著提升。

2. 大宗商品交易提高了港口经济圈能级能量高度

只有具有区域定价权的商品交易中心才能集聚更多制造业和商品贸易总部落户宁波港口经济圈。当前国际大宗商品价格的下行,有利于中国制造和价格回归实体经济需求,为宁波打造现货贸易中心提供了绝佳战略机遇。余姚塑料城 2016 年实现总交易额 920 亿元,交易量 860 万吨,同比增长7.9%。现货市场、大宗商品电子市场以及商品期货期权多层次的商品交易市场体系是现代商品市场体系的发展趋势,当前宁波大宗商品交易市场以服务现货、回归现货为己任,同时争取各种期现对接和场外交易创新,提高区域交易定价权。

发展大宗商品交易是宁波谋求掌握价值链主动权的重要突破口。要牢牢把握金属、塑料、液体环工等重点优势领域,以期货保税交割、离岸账户试点等关键"点",积极争取港口经济圈内区域和国家的支持,大力引进国际运营商、贸易商和期货经纪商,发展网上展示、交易等服务,拓展大宗商品服务范围和合作空间,建设具有全球话语权和影响力的、服务宁波港口经济圈发展的大宗商品进口基地、信息中心和定价中心。

3. 大宗商品物流供应链增值服务增加了港口经济圈能级能量辐射长度

宁波舟山港不断提升的港口物流服务供应链增值服务将有助于增加港口经济圈能级辐射长度。更多港口经济圈腹地依赖于优质的供应链服务,将传统港口运输服务、增值的加工、包装、保税、融资、船舶租赁、结算、保理、航运金融以及其他生产性服务业态交由宁波舟山港。宁波舟山港不断推进以大宗商品差异化为特点的码头建设,如提升金属矿石运输服务体系的竞争力;优化煤炭内外贸的综合运输体系,一边拓展外贸煤炭"海进江"业务,一边参与内河码头合资合作,将内贸煤炭中转体系延伸至内陆腹地;完善国际粮油集散中心功能;强化原油中转和储运结合的码头建设。由于岸线资源和码头定位的确定,这一系列举措为宁波舟山港大宗商品贸易商提供了更优质的物流服务基础功能。

在信息化建设方面,宁波舟山港目前已经形成了面向口岸通关服务的宁波电子口岸、主营物流电子商务的四方物流市场平台、IBM 智慧物流平台以及宁波智慧物流公共基础平台等几大物流公共信息平台。在金融方面,宁波率先成立保险创新综合示范区,全国首家航运保险法人机构东海航运保险公司成功落户,海洋经济特色银行东海银行成功营业。在电子商务方面,以大宗商品为特色的跨境电子商务正在兴起,跨境电商综合试验区于2015年5月正式运作。在市场建设方面,宁波和舟山两地大宗商品交易所先后成立,主要负责组织石油化工品、矿产品、农产品等大宗商品交易,为交易商提供集交易、结算、物流、信息、融资服务为一体的一站式综合服务。

三、提升港口经济圈能级能量的政策建议

1. 围绕大宗商品产业,紧密产业链上下游合作

探索构建产业合作机制是从根本上维系港口经济圈内合作的关键举措。要尽快探索建立宁波港口经济圈的城市产业联席会议制度等政府层面的协调机制,以及宁波港口经济圈市场论坛会、贸易洽谈会、技术交流会、投资交流会等民间层次的协调机制,逐步建立起政府、行业协会、企业三个层面的产业与市场衔接沟通机制,逐步消除大宗生产资料、工业品、消费品和劳动力、技术、信息、金融市场的准入壁垒及歧视性政策,推动港口经济圈内产业进一步开放与对接,创新圈内招商引资政策体制,实现区域产业错位发展、合作共赢。

港口经济圈的产业合作重点无疑是临港产业。在临港工业方面,要在更大区域范围内谋划临港工业发展格局,充分发挥企业主体作用,要着重创新合作机制,强化港口经济圈内国内外的石化、汽车、船舶、能源等临港产业的互动合作,推动构建沿海临港工业带。发挥宁波民营企业的活跃性、民营资本充裕的突出优势,分步骤在港口经济圈内推进商品输出、产能输出、资本输出、模式输出和文化输出,逐渐形成在产业协同基础上的一体化。

2. 完善大宗商品服务供应链,提升客户黏度

大宗商品服务供应链有助于将物流链延伸到价值链深化,从而将港口服务业向深度港口现代服务业及业态创新转型。以宁波国际航运服务中心、宁波航运交易所、大宗商品交易中心、船级社、甬易第三方支付平台等为载体,集聚航运资源要素,丰富完善"海上丝绸之路"指数体系,开展国际中转及转口贸易、进口直销及分拨配送、专业市场、跨境电商等业务,提升航运金融、航运人才、船舶交易等服务水平。引进和扶持船舶补给、海事仲裁、海员培训等服务机构,打造国际海事服务基地。

精细和科学管理,提高港口服务供应链中增值服务能力,特别是提高各服务供应链主体信息化整合能力,以智慧物流公共基础平台等整合信息、咨

询、数据、平台业务等。同时强化政府口岸服务,积极推进宁波的海关特殊监管区整合提升,加快设立综合保税区,争取将上海自贸区政策延伸到综合保税区。以梅山保税港区为重点,争取享受上海国际航运中心建设的优惠政策,探索启运港、第二船籍登记、离岸金融业务试点和船舶特案免税登记试点。参与并大力推进国际贸易便利化改革,着力在原产地证书申领与核准、提高进口商品获得便利性、海关和质检的电子联网核查、货币兑换等方面实现创新突破。

3. 拓展大宗商品进口和跨境电商贸易,提升贸易可持续发展

大宗商品进口与大宗商品跨境电商贸易是现阶段大宗商品贸易重点发展方向。由于大宗商品超级周期结束,当前大宗商品价格处于阶段性底部,全球大宗商品产业去金融化明显,正是大宗商品进口和形成中国买方力量的最佳阶段。跨境电商的兴起,特别是还处于蓝海的大宗商品跨境电商,有利于形成贸易新优势。宁波港口经济圈应大力发展临港进口电商和跨境电商,涵盖进出口汽车整车及零部件,进口冷链物流及贸易(进口肉类、鱼类、奶类产品),进口新型大宗物资贸易(高档木材、活体植物),进口贵金属交易,等等。石化产业应推动产业链提升,发展高技术、高附加值、功能性强的石化新材料,发展大宗石化商品交易,整合提升石化产业竞争力。

电子商务的发展,推动了大宗商品交易流通模式的转型,对大宗商品贸易有着深远影响。未来,应重点在大宗商品跨境贸易便利化方面开展改革,构筑与跨境电商发展相适应的海关监管、税收管理模式及可信交易、快捷结算、便利商务、协同物流配套服务体系,逐步形成"B2B 和 B2C 并重""进出口并举、以出口为主"的发展格局。培育外贸综合服务平台,引进和培育一批国家级外贸综合服务企业,建设国际贸易云服务平台、国际保理第三方服务平台。推动市场采购贸易发展,扩大宁波进出口商品市场采购贸易改革示范区成效,争取将余姚塑料城列入国家市场采购贸易试点和跨境电商试点。要以国家跨境贸易电子商务试点建设为契机,依托梅山保税港区、宁波保税区、宁波空港保税物流中心等平台,加强跨境电子商务市场主体培育,支持世贸通、大道商诚网、全球贸易通、保税通等本土外贸综合服务平台建设,筹建跨境电商欧洲馆、东盟馆等区域网上市场和境外宁波馆展销平台。

第七章　宁波大宗商品物流协同建构

大宗商品的交易过程包括资金流、商流、物流以及信息流。交易市场实现了商品所有权的转移以及所发生的资金往来等过程,而物流实现了商品物理性转移及存储功能,伴随着各类信息的产生、处理与应用,信息流始终贯穿于整个交易过程。物流是商流、资金流和信息流的支撑和桥梁,是交易市场经营活动的必要保障,它服务于商流和交易商,并为商流提供重要的后续服务。

大宗商品物流活动主要是在买卖交易商之间进行,在产品、空间与时间等方面具有以下特征:交易产品规格统一、标准化,但产品种类多样化、差异明显;物流总量大且呈增长趋势;运输次数减少,方式多样,联运趋势明显;业务交易区域集中、客户群稳定;物流服务操作规范复杂、专业化程度高,但大宗商品物流企业功能单一、第三方物流发展不够成熟;信息化程度不足、专业人才匮乏;整体技术与服务质量水平低、作业效率不高。

第一节　大宗商品物流协同理论研究

一、服务供应链协同理论

国外对于服务供应链的研究起始于 2000 年,研究尚处在不成熟阶段。美国学者 Lisa M. Ellram 在 2004 年发表了《理解和管理服务供应链》一文,标志着服务供应链正式开始得到关注。在物流服务供应链研究方面,田宇认为其基本结构是集成物流服务供应商的供应商→集成物流服务供应商→制造、零售企业模式,其中集成物流服务供应商的供应商指传统的功能型物流企业,如运输企业、仓储企业等,它们因提供的服务功能单一、标准,且业务开展往往局限于某一地域,而被集成物流服务供应商在构建全国甚至全球服务网络时吸纳为供应商。

刘彩波提出,与传统供应链研究主要拘束于企业不同,服务供应链自提出之初就是针对服务行业中企业之间服务协同问题的。服务供应链中各参与方之间一般是独立经营的具有不同服务能力的异质企业,所以各自的资源运用、服务内容、经营规划、绩效评价存在明显差异,如果缺乏统一的规划和一致的目标,就会导致整个服务供应链无法实现有效运行,因此对各方进行协同就显得尤其重要。

在服务供应链的网链结构里,有一个核心企业或组织协调服务供应链中不同参与方及对外业务结构(功能、组织、信息、金融等)进行统一规划和集成化决策,实现服务供应链中所有信息互联互通、资源合理共享、服务流程有序高效推进,以满足客户的服务需求。最终使服务水平和质量得以保障,实现互动、均衡和双赢的发展局面。

二、交易成本理论

传统微观经济学以完全竞争的自由市场作为研究背景,价格理论作为核心,在其看来,价格机制能够自动保证各种资源的配置达到最佳状态,实现市场交易零成本。美国制度经济学家 Coase 却认为,在实际情况下,价格机制在组织生产和交易过程中除了存在生产成本,还存在交易成本(Transaction Costs),他认为交易成本主要指"发现相对价格的成本",主要包括交易前的信息成本和谈判履约成本。其后,学者对交易成本理论进行了深入研究,他们认为一项产品或服务从一个阶段移交到下一阶段时,就会发生交易,产生交易成本,交易成本可以称为协调成本,包含了对产品或服务进行监督、控制、管理的成本。我国经济学家张五常认为交易成本可以看作是一系列信息成本、谈判成本、契约成本、产权成本、监督成本等组成的制度成本。

三、演化博弈理论

博弈论是由 John Von Neumann 和 Oskar Morgenstern 提出的,主要探究不同决策主体在发生直接相互作用时相互的决策过程和结果。谢识予指出,博弈是决策主体间如果存在利益冲突,在相互对抗的过程中,对抗双方相互依存的一系列策略和行为的过程集合。

传统的博弈论强调参与人是"完全理性"的,而实际环境中存在各种复杂性,参与人不可能是完全理性的,于是以"有限理性"为假设基础的演化博弈论出现了。威布尔提出,演化博弈理论基于传统博弈理论发展而来,将博弈理论和动态演化理论相结合,能够用于解释生物进化中的很多现象,也能用于研究经济管理问题。

演化博弈认为在具有一定规模的博弈群体中,博弈双方进行着反复的博弈活动,群体中个体间的相互作用是一个关于他们所面对的博弈局势与参与人状态不断变化的动态过程,参与人的理性是根据博弈局势的变化不断进化的,博弈方的最佳策略就是模仿和改进过去的最有利战略。演化博弈论中,最重要的概念是演化稳定策略和复制动态,当某个系统中的所有参与者都采取演化稳定策略时,那么采用其他策略的个体将无法侵入这个系统,此时系统就会稳定。模仿者动态是指在博弈过程中使用某一策略人数的增长率等于使用该策略时所得效用与平均效用之差或者与平均效用之差成正比例。

第二节 大宗商品物流协同模式研究

一、传统物流服务模式的内涵与分类

大宗商品市场传统物流服务模式是建立在服务供应链传统网链之上的,交易市场只能为交易商提供简单物流服务信息或资讯或者提供指定物流推荐服务、必要协作,主要流程仍采用线下的运行方式。

传统物流服务模式是被动服务、单一化的,交易市场对物流服务商和服务供应链掌控和协调能力较弱,同时对物流服务流程的控制能力较弱。传统服务模式继承了服务供应链传统网链的缺点,没有建立成熟的物流服务体系,参与方之间没有建立良好的互动、各参与方系统间缺乏信息互联互通,不能提供多样化、高效率、高水平的物流和延伸服务,服务流程无法被监督管理,交易市场掌控和协调能力较弱,物流服务商评价推荐方式单一。

我国大部分大宗商品市场目前提供的物流服务都是传统物流服务模式,只实现了与物流服务商企业浅层合作,因此可将其归类为信息撮合物流服务模式和推荐指定物流服务模式。

二、物流协同模式内涵

目前我国大宗商品电子交易市场多局限于交易环节的服务,很少去探索物流服务模式,然而从长远发展来看,深入行业去改变传统物流服务模式可为交易市场构建新的核心竞争力、创造新的利润源。

在复杂动因的作用下,大宗商品电子交易市场物流服务模式正由传统向新型演化。在服务供应链协同思想下,可将大宗商品物流协同服务模式定义为交易市场与物流服务商合作,同时和其他服务提供商协调,通过一系列内外部资源整合、服务流程变革和创新,在交易全程后为交易商提供在线物流预定,实现"一口价"收费、运费在线支付、服务担保、服务产价、随时出入库、货物实时监控等功能一体化的闭环服务体系模式。满足交易商在交易前中后物流服务过程中对信息、沟通、资金、物流、风控等的需求,对物流服务流程进行全程控制,实现"商流、物流、资金流、信息流、服务流"同步。

从定义可以看出,大宗商品电子交易市场物流协同服务模式基于服务供应链,采用了服务供应链协同的思想,物流协同服务模式总体目标与服务供应链一致,都是为了实现整体价值最大化。为了更好地理解和区分传统物流服务模式和物流协同服务模式,表 7-1 给出了对比。

表 7-1　传统物流服务模式和物流协同服务模式对比

	物流协同服务模式	传统物流服务模式
服务集成商	1.对物流环节资源、信息、服务、资金协调和控制能力强,能有效整合资源,挖掘物流服务需求 2.可以灵活拓展物流合作伙伴,建立包含信息、支付、物流、沟通等的稳定闭环物流服务体系 3.利益分配与服务同步进行,企业积极性得以调动,整个服务供应链的柔性提升 4.能提供主动、多样化、高水平、平台化物流服务,实现物流数据共享和信息交换	1.无法对物流活动进行有效协调和监督管理 2.物流活动在线下,无法建立稳定的物流服务体系 3.参与主体利益博弈关系复杂,重视短期利益 4.被动、单一化服务;缺乏信息交换
服务需求者	1.交易商享受到的物流服务体验改善、物流服务水平提升 2.其他服务提供商能运用物流服务数据,更好地保障交易市场物流业务运行	1.不同服务商的物流服务水平差异大,质量难保证 2.非直接合作伙伴之间独立,缺乏合作
服务提供商	1.统一规划、平台化运行,结合交易市场进行流程重组 2.集中精力提供专业化服务,减少非核心业务的资源投入,提高资源的利用效率 3.物流服务在交易前中后,提供物流在线优选、在线操作、实时监控、运行优化等全程一站式物流服务	1.独立运行,服务流程欠融合,目标不一致 2.需要考虑客户、市场、投资、资源利用等问题 3.物流服务主要在交易前撮合,交易后交割仓库与物流服务商简单对接

第三节　宁波大宗商品物流服务体系发展现状

一、宁波大宗商品物流现状

1. 大宗商品交易市场

2004 年发展至今,宁波已经形成了包括浙江塑料城网上交易市场、宁波大宗商品交易所(简称"甬商所")、宁波网上粮食市场、宁波汇金大通有色金属储备交易中心、宁波华商商品交易所、宁波都普特液体化工电子交易中心、大榭能源化工交易所等在内的一批服务于现货实体企业的电子交易市场。2015 年营运较好的是宁波大宗商品交易所和浙江塑料城网上交易市场。

甬商所是经证监会备案的综合性商品交易所,是国家电子商务试点单位、电子商务交易技术国家工程实验室。四年来各项经营指标呈现快速增长态势,交易规模、市场影响力和服务能力得到实质提升。甬商所通过与 17 家交收仓库建立仓单电子化系统,实现了"电子交易＋电子仓单＋全天候交收＋基差结算"的完美结合,交收量呈现逐年上升趋势。数据显示,2012 年,该所的交收量还只有 2.05 万吨,2013 年为 8.64 万吨,2014 年达到 13.3 万吨。2015 年,甬商所日均结算量已经突破 2 亿元,甬商所铜、PVC、银等 9 类大宗商品共完成交易额 7242.35 亿元,同比增长 61.6%。

2015 年,余姚中国塑料城实现市场交易额 864.97 亿元,交易量 797.4 万吨,其中,现货市场实现交易额 550 亿元,与上年持平,交易量 413 万吨,同比增长 8.7%;网上市场实现交易额 314.97 亿元,同比下降 3.9%,交易量 384.4 万吨。市场连续六年位列宁波市综合百强企业第二位和宁波市服务业百强企业第一位,入选国内"网上网下融合市场二十强"(如表 7-2 所示)。

表 7-2　宁波主要大宗商品电子交易平台交易额

年份	宁波大宗商品交易所		余姚中国塑料城	
	成交额/亿元	增速/%	成交额/亿元	增速/%
2011	—	—	818.5	4.1
2012	1024.7	—	853	4.2
2013	2085.8	103.56	980	14.9
2014	4481.75	114.87	1062	8.4
2015	7242.35	61.6	864.97	−18.6

宁波镇海区已形成了以大宗生产资料交易中心为龙头，煤炭市场、钢材市场、液化市场、金属园区、物产钢铁商城、汇金大通电子交易平台等为补充的大宗商品交易体系，其中大宗生产资料交易中心和液化交易市场获得中国百强商品市场称号。2015 年，全区专业市场交易额达 1009.5 亿，同比增长 15%，其中，大宗生产资料交易中心完成交易额 565.23 亿元。三大电子交易平台陆续建成并投入运营，汇金大通电子交易平台交易额近 9 亿元；宁波新贸通金属材料公司开展废铜的电子交易，完成交易额 20.5 亿元；都普特电子交易平台完成网上交易 3000 亿元。

"甬易支付"作为宁波市唯一获得央行互联网支付业务许可证的第三方支付机构，自 2014 年 5 月在宁波正式上线以来，已与宁波本地及北京、上海、杭州等地的上百家企事业单位建立了业务合作关系，成功开发了立即支付、担保支付、大宗商品交易支付结算、智慧医疗支付结算等一系列支付产品，服务对象范围覆盖大宗商品交易市场、自营或第三方 B2C 电商平台、跨境电商平台、互联网金融平台、行业互联网跨界平台等领域。2015 年，"甬易支付"结算额达到 700 余亿元。

2. 大宗商品交易品种

截至 2015 年底，宁波大宗商品电子交易市场交易品种主要涵盖金属类、化工类和农副产品类三大领域。其中，金属类主要以甬商所、宁波汇金大通有色金属储备交易中心、神化化学品公司的镍金属交易平台、宁波钱塘有色矿产品交易中心为主，涉及阴极铜、黄铜废料、螺纹钢、白银、镍、镍基料等品种；化工类主要以浙江塑料城网上交易市场、宁波都普特商品电子交易中心、甬商所为主，涵盖 PVC（聚氯乙烯）、PP（聚丙烯）、PE（聚乙烯）、甲苯、PTA（精对苯二甲酸）、LNG（液化天然气）等品种；农副产品类主要以宁波网上粮食市场、甬商所为载体，以稻谷、牛蓝湿革、黑木耳交易为主。

2015 年，甬商所在已经上市交易的阴极铜、PTA、PVC、LNG、白银、牛蓝湿革（HNPG）、黑木耳等 7 个品种之外，又新上市 2 个交易品种——"原油""水貂毛皮"。全球首个水貂毛皮现货电子交易的正式上线，不仅是对毛皮传统贸易模式的创新和提升，也为毛皮相关企业提供了一个全新的电子购销平台，并与牛蓝湿革形成板块效应，深化行业改革（如表 7-3 所示）。

表 7-3 宁波主要大宗商品电子交易市场交易品种

名称	所在地区	交易产品	交易模式	主要服务
浙江塑料城网上交易市场	余姚	PVC、PP、ABS、PE	中远期交易、网上商铺	在线融资、物流服务、资金监管、信息资讯
宁波网上粮食市场	江北	稻谷、小麦、食用油等	竞价,拍卖	竞价,拍卖、信息资讯
宁波汇金大通有色金属储备交易中心	镇海	有色金属原料、半成品	现货挂牌	资金结算、仓储物流、融资服务、信息资讯
宁波大宗商品交易所	江东	阴极铜、PTA、PVC、LNG、白银、牛蓝湿革、黑木耳、原油、水貂毛皮	竞价,竞标,现货递延交易	交易、交收、仓储、运输、信息、融资服务

3. 大宗商品物流

宁波大宗物资主要以水路进出港为主,公路、铁路为辅。在海铁联运货物进出港方面,以金属矿石和煤炭为代表的大宗物资主要是以铁路疏运出港为主。随着宁波港域货物整体吞吐量的持续增长,宁波港域经由铁路集疏运的大宗散货总量保持稳步增长态势(如表 7-4 所示)。

表 7-4 2015 年宁波港域主要大宗货物集疏运情况

类别		总计	铁路	水运						公路
				合计	内贸				外贸	
					小计	内河	沿海			
集运量/万吨	煤炭及制品	5417	0	5415	4815	64	4751		600	2
	金属矿石	5704	0	5693	1	1	0		5692	10
	粮食	178	0	177	16	7.9	8		161	1
疏运量/万吨	煤炭及制品	2511	547	687	687	303	384		0	1277
	金属矿石	5140	1137	3828	3828	3794	34		0	176

金属矿石、煤炭等大宗货物以开行直达列车为主。大宗货物的直达列车运输通道主要集中在萧甬线,一路往东经沪昆铁路沪杭段、杭长铁路运达目的地,另一路经由沪昆铁路运达浙西、江西等地。外贸进口的金属矿石主要供应浙江杭州钢铁厂、江西新余钢铁厂、衢州元立集团以及湖南湘潭钢铁

厂、涟源钢铁厂等企业,北仑已开行了杭州北、绍兴、衢州、新余、萍乡、南昌等地的金属矿石直达列车。从北方港口运入的煤炭,通过海铁联运至萧甬铁路和沪昆铁路沿线电厂、钢厂等用煤企业,开通了绍兴、长兴、金华、兰溪、衢州、玉山、景德镇等方向的煤炭直达列车。

煤炭主要去向有金华、绍兴、衢州、温州、台州等。金属矿石主要去向为沪昆铁路沿线钢厂,包括新余、杭州、衢州元立通钢厂以及湖南湘潭、涟源钢铁厂等。

二、宁波大宗商品物流服务体系建设成效与发展趋势

大宗商品物流业是整个物流业的一部分,大宗商品的物流业与其他物流业具有互相促进和互相制约的关系,大宗商品物流业的发展对宁波乃至我国国民经济的发展起着举足轻重的作用。

1. 宁波大宗商品物流服务体系建设成效

(1)港口航线优势明显,海陆联运快速发展

宁波港口已经与90个国家(地区)、560个港口实现通航。其港域集装装箱吞吐量保持稳定增长态势,年均增长达9.5%。2015年,宁波舟山港集装箱吞吐量达到2063万标箱,上升至全球第四。集装箱铁联运量达到17万标箱,在长江三角洲区域所占比重由2010年的23.9%上升至2015年的25.1%,增幅位列全国6个集装箱海铁联运示范通道之首。

(2)物流基础设施网络全面形成,物流集聚明显

"十二五"时期,宁波基本形成了以高速公路、铁路为骨架,以综合物流园区为枢纽的物流基础设施网络。以海港、空港和内陆无水港为依托,基本形成了以多式联运为纽带三类港口节点联动发展的物流大通道。已建成5个综合物流园区,集聚3600家以上物流企业,园区创收650亿元以上,物流产业集聚效应不断显现。此外,175家快递法人企业及469家快递分支机构形成了20多个快递网络品牌,DHL等四大国际快递均在宁波设立了分公司,顺丰、圆通等国内主要网络型企业也在宁波设立了独立的分拨中心。

(3)公共服务平台初具规模,信息化水平进一步提升

宁波市作为全国性物流节点城市、浙江省综合物流中心和长三角区域性资源配置中心,在2009年就建立了国内第一个第四方物流平台信息标准体系的实体,还被定为浙江物流交易中心。此外,宁波电子口岸是全国最早最成功的电子口岸之一。它整合了宁波海关公共服务信息网和宁波港EDI中心,使政府单位、外贸和物流各相关单位实现了一定程度的信息交换和共

享。与此同时,宁波智慧物流公共基础平台实现了包括宁波发改委、交通委、经信委、宁波海关及口岸等政府管理部门对物流政务信息的联网发布;也完成了宁波智慧物流数据中心建设、搭建了智慧物流公共服务模块、完成了船司、货代、仓库、堆场等物流关键节点联网应用的示范项目、提供智慧物流宏观分析与决策支持系统,并形成了智慧物流云平台。宁波围绕其港口功能还建设了宁波航运交易所平台、宁波港口物流信息平台、宁波现代物流网、大掌柜、咖狗网等物流公共服务平台;慈溪物流公共服务平台、余姚物流网等陆路物流平台;针对多式联运,开展海铁联运物联网项目,以构建能够支撑多重应用的集装箱海铁联运协同应用平台。

2.宁波大宗商品物流服务体系建设发展趋势

(1)一体化的大宗商品物流中心建设必将升温

世界级的大宗商品物流中心的建设对于一个城市,乃至一个国家,其诱惑是毋庸置疑的。由于横向一体化的大宗商品物流中心可以实现空间上的集成,可以实现不同企业的物流业务的联合化共同化处理,因此,横向一体化的大宗商品物流中心可以大大提高资源利用率、节省车次、节省物流工作量,降低物流成本、提高经济效益;而纵向一体化的大宗商品物流中心可以实现不同物流功能、物流环节的集成化运用,因此,纵向一体化的大宗商品物流中心可以简化和减少物流环节、减少物流作业量、降低物流成本,可以有效地提高资源的利用率和数据的利用率,可以有效地提高作业处理速度和处理效率。因此,宁波对横向一体化和纵向一体化的大宗商品物流中心的建设在未来的若干年里必将进一步深入。

(2)大宗商品电子交易与物流服务集成的发展进一步升温

大宗商品物流业务发展正在由传统的生产、销售环节向系统集成优化迅速发展。提高大宗商品物流企业信息化水平,促进大宗商品物流服务和电子商务集成创新;推进煤炭、金属、塑料和粮食等大宗商品物流服务集成健康发展已是宁波大宗商品物流发展基本趋势。

(3)大宗商品供应链系统优化,第三方大宗商品物流企业逐步升温

过去十几年中,宁波物流产业结构发生了深刻的变化。其中最为显著是,打开了大宗商品物流外包的大门。在未来的一段时间里,宁波大宗商品物流业的体系结构还将会进一步地发生改变,大宗商品物流业的外包将得到进一步的深化与完善。大宗商品物流业的未来将更关注以供应链为对象的系统优化,大宗商品物流服务将越来越深入大宗商品经营的全过程。未

来将有更多的第三方大宗商品物流企业,在搞好基础物流服务的同时,根据自身条件和外部环境逐步开展一些更加深入的大宗票数物流运作服务或物流管理服务。集成供应链所有环节上的物流功能,对总体物流成本进行管理,对供应链库存进行全过程的控制、管理,提供基于大宗商品供应链的需求预测,面向多元化产品线及客户提供仓储运输及相关运作服务,为大宗商品供应链的系统集成与优化提供一体化解决方案等已是大宗商品现代物流发展的基本趋势。

第四节　构建宁波大宗商品物流服务协同体系的对策

一、构建政策支持体系,营造良好的大宗商品物流业发展环境

既要争取国家和省的保税和扶持政策,也要结合宁波实际,研究出台配套优惠政策,加大扶持力度,增加财政投入,降低税费,进一步改善投资审批、口岸进出等发展软环境,吸引国内外著名大宗商品交易商和重点项目入驻,或设立分部,促进本地大宗商品物流企业的快速成长。

1.市场和行业规范化管理政策

宁波政府需要建立完善的体系及市场管理机制,形成公平开放、竞争有序的市场环境,保证市场机制的正常运行,实现大宗商品物流资源的有效配置,促进物流业的健康发展。首先,为了充分发挥市场机制对社会资源的配置和调节功能,必须制定一整套市场规则,包括市场准入规则、交易规则、退出规则等。其次,加强行业规范化管理,通过规范技术和服务标准,提升大宗商品物流行业的整体发展水平和竞争力。再次,应针对物流领域,尤其是大宗商品物流领域的特殊情况制定相应的环境保护政策。

2.大宗商品物流产业培育扶持政策

任何产业的发展都离不开政府产业政策的引导和扶持,新兴产业更是如此。因此,相关职能部门应出台一系列针对大宗商品物流产业发展的产业政策。例如,促进市场拓展的产业政策、打造大宗商品物流产业集聚区、扶持重点物流产业发展政策等。

3.大宗商品物流市场主体扶持优惠政策

首先,在土地使用、融资优惠、税收优惠及仓库租金补贴、道路通行优惠

等其他方面给予大宗商品物流企业发展优惠政策。其次,推动物流行业相关资源优化重组,集中力量和资源重点扶持培育几个大宗商品物流龙头企业。再次,积极鼓励现有第三方物流企业功能整合和业务延伸,不断提升一体化服务水平。最后,宁波作为国际物流较为发达的城市,应着力推进物流国际化政策,逐步形成全国范围内布局合理、管理科学、功能互补、联动发展的保税物流网络和国际海运网络。

二、构筑大宗商品物流通道网络

充分发挥宁波海陆交汇点优势,依托枢纽港口、机场等口岸物流基础设施,以海关特殊监管区为依托,以大宗商品需求为导向,构建大宗商品物流通道网络。

1. 腹地区域物流通道网络

加快构筑"一纵一横一射"腹地区域物流通道,融入全国"三纵五横"骨干流通大通道。加强宁波与上海物流通道建设,加快形成江海联运通道,全力推进长江流域海进江、江进海运输,构建贯穿南北的沿海物流大通道。充分发挥杭甬舟通道功能,构建连接长江经济带物流大通道。加快推进甬金铁路建设,构建辐射西南、联系中西部的物流大通道。

2. 国际物流通道网络

(1)海向大宗商品物流通道。鼓励港口企业"走出去",充分利用 APEC 港口服务网络,促进主要港口的交流与合作,开辟宁波港口境外物流服务网络。对内优化无水港布局,对外深化资本合作,打造港口联盟。以舟山江海联运服务中心为圆心,打造以"水水中转"为特色的便捷、高效、安全的货物中转运输体系,形成通江达海、功能健全、服务高效的江海联运集疏运网络。创新航运金融保险服务,加快江海直达船舶研发,提升江海联运服务能力。

(2)陆路大宗商品物流通道。积极创建海铁联运综合试验区,大力发展海铁联运,完善甬新欧沿线无水港布局,打造宁波—华东地区集装箱海铁联运"黄金通道",构建陆路跨境电商物流通道。

三、构建大宗商品物流服务平台

充分利用宁波特殊监管区国际贸易便利化优势,推进交易商与物流系统联动,构建多式联运国际枢纽和"互联网＋"运输等大宗商品物流服务平台。

(1)多式联运国际枢纽平台。以"两港"为龙头,以"联运"为纽带,以"两城"为载体,争取 APSN 研究中心(亚太港口服务组织)等 5 个国际平台落户,实现大宗商品物流货运通畅,将海港打造成国际一流现代化枢纽港,创建国家海铁联运综合实验区和多式联运示范工程,建设义甬舟开放大通道,服务舟山江海联运服务中心建设,为跨境电商物流打造海、陆多式联运物流枢纽平台。

(2)"互联网十"运输服务平台。围绕大宗商品货物品类特点,支持和培育智能运输服务创新平台。围绕跨境出口物流中集装箱运输服务,推动堆场智能提箱预约、车队智能调度等"互联网十智能物流"作业模式的形成和应用,协调实现集装箱运输智能化。

四、提升大宗商品物流服务水平

集聚大宗商品物流服务资源,加快构筑物流服务体系,提升物流组织整合和辐射带动能力,提高大宗商品物流服务水平。

1. 完善大宗商品物流服务基地

以服务大宗商品为出发点,以提高物流服务水平为战略核心,依托宁波国际贸易通道和口岸优势,建设大宗商品物流中转基地,强化储存、配载和运输方式等基本功能,加快物流综合服务商等大宗商品相关产业向园区转移和集聚。

2. 搭建大宗商品智慧物流网络

拓展智慧物流云平台,搭建互联互通的跨境电商智慧物流平台。建设集国际物流、电子采购、供应链、报关、保税仓、海外仓、报检、快递、智能仓储、配送管理等在内的网络化服务网,帮助货主企业提升供应链水平,形成一个单据流、资金流、信息流、物流紧密连接的大宗商品物流体系。通过产业联动,帮助成长中的物流企业向专业化方向发展。

3. 提升大宗商品物流组织整合能力

逐步整合现有保税物流园区、出口加工区、保税港区等海关特殊监管区保税功能,优化保税货物流转系统,实现海关特殊监管区域间保税货物流转便利化。拓展保税仓储等增值物流服务功能,重点引进国内外"贸易、物流、金融"三位一体的集成服务商,强化大宗商品供应链服务功能,打造大宗商品物流一站式服务基地。

五、推动大宗商品物流企业联盟化发展

根据宁波市大宗商品物流企业的实际发展情况,鼓励市域业务相同的企业结成联盟,比如将仓储企业联合组建数个大中型仓储企业集团,运输企业联合组织数个物流运输企业集团,然后将这些相关企业集团按照核心业务能力侧重点的不同组建数个物流企业集团。对已经达到一定规模与技术实力的先进企业,将其与国外大中型物流企业组建合资企业联盟,引进先进的物流管理经验、物流组织方法和物流技术,提升企业的物流水平,然后通过各种途径与国内小企业联合以扩大联盟。

六、推进"无车承运人"新型业态发展

重点推进"无车承运人"创新工程,推行"一票到底"供应链服务模式,把传统线下车货匹配导流到线上,打破车货双方信息壁垒,并利用机器的深度学习能力为物流服务搭建智能匹配系统。"无车"的背后是强大的集货能力、先进的技术储备和完善的风控能力,力争实现智能调度、智能报价和规范服务,降低车辆空驶率,提高匹配效率。通过联盟方式,将专业的集卡业务、甩挂、双重、拼小箱等业务资源与外派平台、车辆运输服务管理平台、内部管理平台对接,实现资源网络集聚、业务创新,促进资源共享、优势互补。

第五节 宁波大宗商品港航物流协同解析

一、港航物流协同理论分析

现代港航物流是依托现代港口发展起来的贸易物流,是运输、储存、装卸、包装、流通加工、配送、信息处理等功能的有机结合,通过现代物流网络、物流设施和物流技术,实现货物在区域间的流动与交换,优化资源配置。因此,港航物流产业是港口区域经济的基础性产业,其发展有利于促进港口区域生产力的发展,优化港口区域产业布局,改善港口产业结构,提高港口企业经济效益和国民经济综合实力,增强港口区域经济的竞争力。

从协同学的角度看,协同是各系统组成要素在发展过程中彼此的和谐一致性,这种和谐一致的程度称为协同度。协同作用和协同程度决定了系统在达到临界区域时呈现何种序与结构,或者说决定了系统由无序走向有序的趋势①。系统由无序走向有序的关键在于系统内部序参量之间的协同作用,它左右着系统相变的特征与规律,而协同度正是反映这种协同作用的度量。

1. 序参量有序度的计算

考虑系统 $S=f(S_1,S_2,\cdots,S_M)$ 的子系统 $S_j,j\in[1,M]$。设在子系统发展演化进程中包含 N 个序参量,序参量集合为 $e_j=\{e_{j1},e_{j2},\cdots,e_{jN}\},N\geqslant1$, $\alpha_{ji}\leqslant e_{ji}\leqslant\beta_{ji},i\in[1,N]$,

这里 α,β 为系统达到临界点的序参量 e_{ji} 的上限和下限。

一般地,假定前 k_1 个序参量为正向序参量,即其取值越大,系统有序度越高,其取值越小,系统有序度越低;假定 $N-k_1$ 个序参量为负向序参量,即其取值越大,系统有序度越低,其取值越小,系统有序度越高;对于其他类型的序参量,总可以通过适当变换,使其取值满足前述两种序参量类型。因此:

定义 $\mu_{ji}(t)$ 为系统 s_j 的第 i 个序参量 e_{ji} 在 t 时刻的有序度,其计算公式为:

$$\mu_{ji}(t)=\begin{cases}\dfrac{e_{ji}(t)-\alpha_{ji}}{\beta_{ji}-\alpha_{ji}},i\in[1,k]\\[2mm]\dfrac{\beta_{ji}-e_{ji}(t)}{\beta_{ji}-\alpha_{ji}},i\in[k_1+1,N]\end{cases}$$

由如上定义可知,$\mu_{ji}(t)\in[0,1]$,$\mu_{ji}(t)$ 的值越大,序参量 e_{ji} 对系统有序度的贡献越大。在实际应用中可分别取 α_{ji},β_{ji} 最小和最大理想值,或 $\alpha_{ji}=\min\limits_{t}e_{ji}(t),\beta_{ji}=\max\limits_{t}e_{ji}(t)$。

2. 子系统有序度的计算

在 t 时刻,子系统 s_j 内各个序参量对该系统有序程度的总贡献可以通过对 $\mu_{ji}(t)$ 的集成来实现。从理论上讲,子系统 s_j 总有序程度不仅取决于各个序参量有序度的大小,而且还取决于该系统的结构。不同的系统结构决定了其组成要素的不同组合形式,组合形式又决定了要素之间的集成法则。在实际中,通常采用线性加权法或几何平均法进行集成,即子系统 s_j 在 t 时

---

① 协同理论指出,系统在相变点处的内部变量可分为快变量和慢变量两类,慢变量是决定系统相变进程的根本变量,即序参量。序参量的变化对于系统的有序度有两种功效:正功效和负功效。若序参量表现为正功效,则意味着序参量的值越大,系统的有序度也越大;若序参量表现为负功效,则意味着序参量的值越大,系统的有序度越小。

刻的有序度为：

$$\mu_j(t) = \begin{cases} \sum_{i=1}^{N}\omega_{ji}^1\mu_{ji}(t), \omega_{ji}^1 \geqslant 0, i=1,2,\cdots,N \\ \sqrt[N]{\prod_{i=1}^{N}\mu_{ji}(t)}, \sum_{i=1}^{N}\omega_{ji}^1 = 1 \end{cases}$$

3. 系统协同度计算

设 $s=\{s_1, s_2, \cdots, s_M\}$，定义 $SD_s(t, t_0)$ 为系统 S 协同度，计算公式为：

$$SD_s(t, t_0) = \eta_s \sum_{j=1}^{M}\omega_j^1 |\mu_j(t) - \mu_j(t_0)|$$

$$\eta_s = \begin{cases} 1, \min_{j=1,2,\cdots m}\{\mu_j(t) - \mu_j(t_0)\} \geqslant 0 \\ -1, \min_{j=1,2,\cdots m}\{\mu_j(t) - \mu_j(t_0)\} < 0 \end{cases}$$

按照三个子系统选取下列 13 个指标作为序参量指标（见表 7-5）。

表 7-5　港航物流协同序参量指标

	序参量指标	指标定义	单位量纲
S11	X1	港口吞吐量	万吨
	X2	港口货物周转量	吨千米
S11	X3	铁路运营里程	千米
	X4	公路运营里程	千米
	X5	公运里程	千米
	X6	航运里程	千米
	X7	综合运网密度	千米/平方千米
S13	X8	区域 GDP 总量	亿元
	X9	区域进出口贸易额	亿元
	X10	区域仓储规模	万吨
	X11	大宗商品交易额	亿元
	X12	社会消费品零售总额	亿元
	X13	区域金融存贷余额	亿元

二、宁波港航物流协同实证

本书根据宁波港航物流实际情况，将其区分为三个核心子系统：功能系统协同（S1）、网络系统协同（S2）、需求系统协同（S3）。通过相关数据资料

（数据来源：宁波经济年鉴、宁波统计年鉴、宁波港务局、宁波海关、宁波对外经贸合作局、宁波大宗商品交易所等），运用 Matlab7.0、SPSS for Windows15.0 及 EXCEL2007 等工具，计算得到上述三个子系统序参量有序度（S11，S12，S13）及序参量熵权重（如表 7-6 所示）。

基于表 7-5 中的序参量有序度和熵权重数据，根据协同度公式，计算得到宁波港航物流系统三个子系统（S11，S12，S13）的协同度（见表 7-7，图 7-1）。

表 7-6　宁波港航物流系统序参量及权重（2001—2013 年）

年份	功能系统（S11）		网络系统（S12）					需求系统（S13）					
	X1	X2	X3	X4	X5	X6	X7	X8	X9	X10	X11	X12	X13
2001	0	0.0012	0.1054	0.0204	0.0032	0.0044	0.0044	0.1078	0.0006	0.0031	0.1091	0.0122	0.0006
2002	0	0.0104	0.0835	0.0224	0.0264	0.0327	0.0269	0.1175	0.0136	0.0539	0.1229	0.0215	0.0072
2003	0.0314	0.0183	0.0505	0.0252	0.0388	0.0562	0.0479	0.1251	0.0355	0.0822	0.1492	0.0337	0.0413
2004	0.0473	0.0387	0.0394	0.0284	0.0831	0.0898	0.0423	0.1737	0.0648	0.1151	0.1893	0.0522	0.0816
2005	0.0752	0.0487	0.1094	0.0408	0.1243	0.1204	0.0553	0.1788	0.0904	0.1758	0.2722	0.0761	0.1033
2006	0.0871	0.0658	0.1193	0.3758	0.1662	0.1531	0.0963	0.1976	0.1225	0.2167	0.3134	0.1019	0.1896
2007	0.0988	0.0823	0.1762	0.3877	0.2309	0.2132	0.1911	0.2359	0.1638	0.3072	0.1363	0.213	0.3215
2008	0.1261	0.2761	0.2156	0.4049	0.2913	0.2359	0.2336	0.2855	0.2096	0.3776	0.3203	0.1902	0.4905
2009	0.1497	0.3009	0.2446	0.4217	0.3617	0.3012	0.3085	0.2977	0.2496	0.4571	0.4963	0.2444	0.4564
2010	0.1852	0.3715	0.3018	0.4404	0.4325	0.3647	0.3751	0.3324	0.3452	0.9029	0.9782	0.3081	0.8147
2011	0.2107	0.6227	0.3452	0.4675	0.4567	0.4123	0.4185	0.3678	0.3897	0.1321	0.1142	0.3562	0.0976
2012	0.2754	0.6687	0.4126	0.5123	0.6781	0.5036	0.4678	0.3954	0.4162	0.1438	0.1368	0.3899	0.1123
2013	0.3108	0.8123	0.4849	0.5741	0.7823	0.6152	0.5432	0.4237	0.4895	0.1765	0.1567	0.4321	0.1245
熵权重	0.3773	0.6227	0.0979	0.2795	0.2103	0.1714	0.2409	0.0357	0.1921	0.2108	0.1166	0.1731	0.2716

表 7-7　宁波港航物流系统协同度（2002—2013 年）

年份	协同度 S11	协同度 S12	协同度 S13
2002	0.0058	0.0136	0.0126
2003	0.0225	0.0229	0.0434
2004	0.0412	0.0364	0.0766
2005	0.0583	0.0615	0.1149
2006	0.0731	0.1816	0.1623

年份	协同度 S11	协同度 S12	协同度 S13
2007	0.0878	0.2383	0.2404
2008	0.2188	0.2735	0.3139
2009	0.2431	0.3252	0.3595
2010	0.3005	0.3782	0.6376
2011	0.3421	0.3974	0.6726
2012	0.3768	0.4231	0.7891
2013	0.4213	0.4672	0.8124

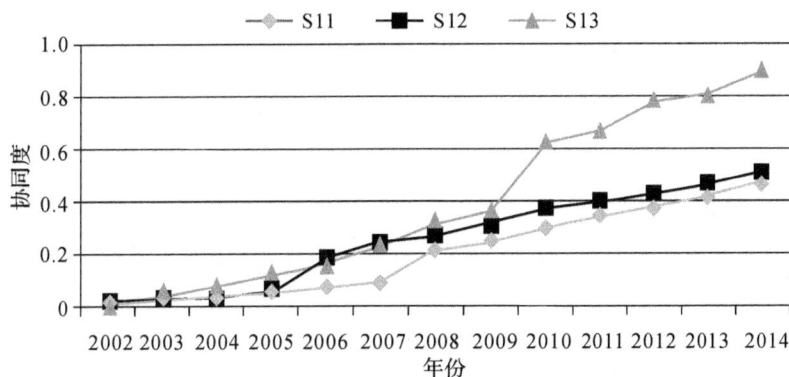

图 7-1　宁波港航物流协同度曲线（2002—2013 年）

分析表明宁波港航物流系统的三个子系统的协同度具有如下特点。

（1）表现为增长性。2002—2013 年期间三条协同度曲线呈增长趋势，其中，需求协同度曲线增长趋势明显。S11 曲线由 2002 年的 0.0058 提升到 2013 年的 0.4231，总提升 0.4273 点，年均提升 0.0348 点。S12 曲线由 2002 年的 0.0136 提升到 2013 年的 0.4672，总提升 0.4536 点，年均提升 0.0378 点。S13 曲线由 2002 年的 0.0126 提升到 2013 年的 0.8124，总提升 0.7998 点，年均提升 0.0666 点。

（2）表现为阶段性。三条协同度曲线显示阶段性特征，大体上可以划分为三个阶段：

①第一阶段（2002—2005 年）。三条协同度曲线增长趋势缓慢，协同水平较低且三条协同度曲线无明显水平差异，表明三条曲线在低水平状态的协同均衡。

②第二阶段(2006—2009 年)。三条协同度曲线明显上升,表明协同水平明显提升且需求协同提升较快。这种变化趋势与宁波工业化、城市化推进具有密切联系。

③第三阶段(2010—2013 年)。三条协同度曲线同时快速提升,需求协同曲线(S13)提升明显且处于另外两条曲线(S11、S12)之上,说明近年来宁波大宗商品贸易的快速增长。

(3)表现为差序格局。三条协同曲线的不完全同步增长,说明功能、需求、网络三者之间尚未形成有效的协同均衡机制,这也将是未来宁波大宗商品贸易与港航物流协同的核心和关键之所在。

第八章　新形势下宁波大宗商品产业转型升级

本研究认为,宁波大宗商品现货交易可以从"互联网＋大宗商品现货交易"服务创新路径、大宗商品国际贸易与现货交易内贸融合路径、多层次大宗商品交易市场互联互通互融路径等方面寻求突破,并通过做强平台经济、提高生产性服务业和整合大宗商品供应链等对策实现转型升级。

第一节　宁波大宗商品现货交易现状

一、大宗商品现货交易面临的政策变局正在加大

2011 年 11 月国务院出台《关于清理整顿各类交易场所切实防范金融风险的决定》,2012 年 7 月,国务院办公厅下发《关于清理整顿各类交易场所的实施意见》(即国发办 37 号文),2014 年 6 月 24 日,部际联席会议下发《关于开展各类交易场所现场检查的通知》(清整联办 28 号)。全国各类交易所清理整顿已持续了三年时间,大宗商品现货交易监管层密集出台各种政策,政策变局正在加大。

据万联网统计,截至 2014 年 12 月,第一轮已有 29 个省(区、市)和 5 个计划单列市的清理整顿工作通过联席会议验收,国内在册各类交易场所总数为 700～1000 家,其中现货商品交易场所约 319 家。2014 年超过 60 家现货交易所主动或者被迫"暂停"交易,整治风暴效果显著。宁波市大宗商品交易所等单位均已完成清理整顿的现场检查,并顺利通过。

二、宁波发展大宗商品现货交易面临区域竞争的压力与日俱增

成熟的大宗商品交易市场为商品买卖双方提供在线采购和分销服务,能有效降低交易费用,提高流通效率,整合贸易配对、资金结算、信息共享和物流交割等各项服务,促进生产性服务业集聚发展和产业转型升级。实体企业通过大宗商品交易市场集聚,可以实现宁波"块状经济""产业集群"等产业模式再升级。从长三角范围看,各地方政府都瞄准新业态带来的溢出效应,积极推动了符合本区域发展的现货交易中心构建,目前在 150 公里的直径内,已经形成了上海、宁波、舟山三大港口城市争夺石化、铁矿石、煤炭、钢铁等大宗商品交易中心的格局。

2014 年 8 月 27 日,上海市政府发布《上海国际贸易中心建设 2014—2015 年重点工作安排》。其中上海将大力发展平台经济,在自贸区建设石油天然气、铁矿石、棉花、液体化工品、白银、大宗商品、有色金属等 8 个国际交易平台。同时,现货交易平台的发展以及上海自贸区的有利政策将会对宁波大宗商品交易平台形成正面冲击。舟山大宗商品现货交易依托国家新区政策和灵活体制机制优势,目前在品种创新和交易模式创新上也走在行业前沿。

三、宁波发展大宗商品现货交易的水平和规模稳步提升

经过多年的发展,宁波大宗商品交易市场在塑料、液体化工、部分有色金属等领域形成了具有区域影响力的定价中心。浙江塑料城网上交易市场目前已成为全球同类塑料交易市场中规模最大的塑料电子交易中心,发布的中国塑料价格指数是我国首个大宗商品价格指数,中塑仓单交易价格已成为国内塑料价格的风向标,同时也是东南亚塑料原料交易的风向标。2012年交易市场还获得了第三方支付业务牌照,成为目前国内唯一具有互联网支付牌照的大宗商品电子交易市场。2013 年镇海液体化工产品交易市场传统贸易实现交易额 178.6 亿元,再创交易额的历史新高,现有进场企业 400余家,除了宁波本地企业之外,70%来自于省内其他城市和华东地区。宁波大宗商品交易所作为行业龙头,全年累计交易额 4481.75 亿元,比上年同期增长 114.87%;实物交收量 13.3 万吨,比上年同期增长 53.83%,已成为区域内有影响力的现货交易中心。

第二节　宁波发展现货交易的转型路径

一、推进电商换市战略，走"互联网＋大宗商品现货交易"服务创新路径

大宗商品现货交易服务于实体经济，与电子商务的结合是宁波推进大宗商品现货交易转型的首选路径，也是微观现货交易企业转型的必由之路。宁波于 2014 年 7 月出台《宁波市工业企业"电商换市"三年行动计划(2014—2016)》，引导企业积极应用电子商务手段，创新营销模式，拓展"微笑曲线"两端，促进传统优势产业与电子商务产业融合发展，推进工业企业"电商换市"。与此同时，国家商务部于 2015 年 5 月 15 日发布"互联网＋流通"行动计划，鼓励技术创新和商业模式创新驱动，推动传统流通产业转型升级。同年 7 月 1 日国发〔2015〕40 号"互联网＋行动计划"更是明确指出要推动各类专业市场线上转型，引导传统商贸流通企业与电子商务企业整合资源，积极向供应链协同平台转型。

"互联网＋大宗商品现货交易"是电商换市和"互联网＋"战略在大宗商品产业中的集中体现和必然选择。"互联网＋大宗商品现货交易"包括现货即期交易、现货实体交易的"互联网＋"部分。具体包括互联网技术以及互联网思维下的商品现货竞价、做市商、跨境电子商务、垂直电子商务、第三方电子商务、微商平台、供应链金融平台、众筹平台、网贷平台等在内的多层次商品电子商务服务体系。

"互联网＋大宗商品现货交易"服务创新模式，改变了从前以资讯、数据、广告为主的盈利模式，也改变了以佣金、留置资金、自营收入为主的盈利模式，过渡到垂直电商、供应链金融及物流云服务等新增值盈利模式。"互联网＋大宗商品现货交易"服务业态创新旨在为交易客户创造最大价值，降低社会物流成本，在价值创造活动中提供增值服务。服务创新包括大宗商品交易及其支持的服务业活动。

"互联网＋大宗商品现货交易"的创新模式，包括商品现货挂牌交易(协议交易)、单向竞价交易(竞买交易、竞卖交易)、专场交易、网上商城、网上超市、集中采购、人工撮合、各类型电子商务等线上线下、境内境外、场外场内结合交易模式。

"互联网＋支撑交易"的物流服务创新模式,针对交易品种和模式的不同采用多种物流服务创新,包括第三方、第四方物流模式,应用互联网与现代物流结合思路,快速安全便捷提供商品交割、交收、质检、仓储、运输、即时配送、融资监管、在线可视监管等服务。

"互联网＋支撑交易"的金融服务创新模式,提供基于互联网思维的融资、结算、支付、清算、保险等在内的金融服务,其中融资服务包括在线订单融资、在线仓单质押融资、产能融资、预售融资、保理融资、信用融资、代理采购融资在内的金融服务。保险公司、清算所、投资公司等非银行金融机构在大宗商品金融业务中也将崭露头角。

"互联网＋支撑交易"的信息技术创新模式,以大数据为基础,为客户提供丰富的信息服务。包括基本服务、增值服务和高端定制化服务。通过互联网、移动互联网和交易信息系统等提供浏览、信息咨询、安全防护、个性服务等信息服务。

目前,宁波大宗商品交易所(甬商所)在"互联网＋大宗商品现货交易"道路上迈开了坚实步伐。作为宁波地区大宗商品贸易的核心平台和国家电子商务试点项目,甬商所拨出 300 万元专项资金用于推动贸易电商化,其开创的"电子交易＋电子仓单＋全天候交收＋基差交收"的新型电商模式,实现了交易、交收全流程的电子化,是对传统贸易方式全方位的提升和改造。

二、物流港向第四代港口转型,走大宗商品国际贸易与现货交易内贸融合路径

宁波最大的优势是港口,走国际贸易与内贸贸易融合道路,是使宁波港从物流港转向贸易港、资源配置港的选择,也是大宗商品现货交易转型的最直接的天然选择。第四代港口拥有汇集资源和配置资源的经贸功能。长期以来,"酒肉穿肠过"的宁波港大进大出的物流模式,并没有给宁波港带来额外收益,获得简单物流加工费用的同时,宁波市承担了环境和城市交通双重压力。国际贸易和内贸交易的融合能从根本上改变宁波港口由运输港向贸易港甚至向资源配置港的过渡。

大宗商品现货交易与国际贸易结合路径选择是大宗商品现货交易服务的自贸区战略,也是第四代港口发展战略的直接体现。

在转口、离岸大宗商品贸易与现货交易融合路径下,具有转口资质的贸易商可以在保税区的保税仓库进行货物的分拨和销售,因此贸易商在保税区仓库注册的现货仓单可以在大宗商品交易所进行现货交易,从而选择更合理的价格回收部分货款。离岸大宗商品贸易核心要素是业务的资金结算，离岸贸易中货物在境外交易，而单据流在离岸中心交易完成，两者并无直接交集，但也可以以大宗商品交易所价格为基准，进行套保交易或进行境内外市场套利交易。

进口大宗商品贸易与现货交易融合路径。我国是大宗商品消费第一大国，而大宗商品供应往往需要进口，宁波港则是当仁不让的大宗商品枢纽港。宁波建成的一批大宗商品交易市场有助于大宗商品贸易商和运营商将总部迁往宁波，并利用港口、贸易市场和物流园区的联动，在当地进行资源配置和物流分拨，将贸易带来的附加增值服务留在宁波当地，提高宁波港服务区域经济的级别，使宁波实现功能升级。

三、融入上海金融中心建设，走多层次大宗商品交易市场互联互通互融路径

宁波的发展不是孤立的，当前大宗商品现货交易面临的一个重要背景就是上海金融中心建设，特别是自贸区建设带来的影响。由于宁波的区位距离上海较近，不可避免受到上海虹吸和溢出的双重效应影响。摆正宁波位置，积极有为地加入上海贸易、航运，特别是金融中心建设，把握上海自贸区战略的格局，走多层次大宗商品市场互联互通互融路径是现实的选择。

多层次大宗商品交易市场一般包括三层大宗商品市场——现货交易市场、中远期市场、期货交易市场，三个市场互联互通互融是大宗商品交易市场发展趋势和方向。宁波大宗商品现货交易处于多层次大宗商品交易市场中间层，唯有上接场内的商品期货市场，下接场外众多商品现货批发、零售市场，拓展本身市场功能，对接电子商务和互联网各种业态，才能做好本职定位，为场外市场提供多样化个性化交易、结算、物流等综合服务，发挥服务实体经济的作用。

多层次大宗商品交易市场互联互通互融路径也是期现结合、工业化和信息化高度融合的必然要求，是对接上海资本市场提高宁波现货交易水平的选择。

表 9-1　交易品类、交易规模与交易集中度概览(2014—2016 年)

品类	交易规模/亿元及增长率/%			交易品种结构 （主交易品种）	现货交易 集中度/C
	2014	2015	2016		
四川白酒	53	64 (14%)	43 (—46%)	基酒及成品白酒（成品白酒）	100%
甬商所	4482	7242 (38%)	5973 (21%)	白银、阴极铜、PVC、LNG、牛蓝湿革、黑木耳（阴极铜）	54%
不锈钢	1785	2072 (14%)	2239 (7%)	不锈钢、钢、镍（不锈钢）	61%
广西糖网	1124	1801 (36%)	2011 (10%)	原糖及成品糖（成品糖）	64%
余姚塑料	1063	1325 (19%)	1617 (18%)	塑料及塑料产品（塑料）	63%

　　交易结构创新的本义在于通过调整和优化交易体系以实现可持续扩张。那么应如何推进可持续交易结构创新？我们从上述案例市场的实践中推论出三个基本的路径选择：

　　第一，有计划扩展交易域。在合法、合规、专业化、高效率的前提下，选择性增加线上交易新品种，积极培育新交易增长点。

　　第二，专注于现货交易。在保持现货交易本体的前提下，积极探索和有计划地推进资产类交易和权益类交易，以增强流动性。

　　第三，专业化于产业对接。通过整合平台和盘活产业资源，从而带动全产业链增长。

二、从交易功能维度分析

　　大宗商品交易市场的本体与首要功能在于交易，交易链接经济的供给侧—需求侧两端，通过交易促进流通，保障供给，优化资源配置，是大宗商品行业的内在要求。因此，繁荣的交易也成为大宗商品行业服务供给侧结构性改革的重要途径。

　　除交易之外，在许多情况下，大宗商品交易市场也提供包括投资、金融、物流等在内的多方面功能。从理论上说，这些功能是大宗商品交易市场的内生性功能。他们在促进流通性，提升交易品质方面发挥了重要作用。但从交易本体来看，这些功能是次位功能，他们只有在与交易实现了有效协同以后，才具有实质性的意义。因此，正确分析和处理交易与其他功能之间的关系，是大宗商品交易市场服务于实体经济的基本要求。表 9-2 介绍了甬商所"智慧交易"体系的基本架构,表 9-3 介绍了其他案例市场在交易功能创新方面的有益探索。在坚持服务实体经济的大方向下,它们较好实现了交易与投资、金融、物流协同。

表 9-2 甬商所"智慧交易"体系基本架构

交易	确立农林产品、矿产品、金属、能源、化工五大交易领域;形成了商品、资产、权益交易在内的分形交易体系;构建"电子交易+电子仓单+全天候交收+基差交收"现货递延交易运作模式;构建"报价交易+当日交收"的竞价交易运作模式
投资	公开与透明度;保证金制度;双向交易;T+0;预购预销
金融	建立与银行战略合作关系,第三方存管安排;仓单质押融资、未来仓单融资;银行票据融资
物流	第三方物流体系;每日选择交收;当日交收;定制化交收

表 9-3 其他案例市场交易功能创新概览

四川白酒	BWB;B2C;产业链协同生态圈
无锡不锈钢	定制化交收
广西糖网	四流合一;结构化交易;银商通;网上交易就近提货;订单交易提前交收
余姚塑料	现货仓单交易;现货即期交易;网上商城;指定交收

根据对甬商所及其他案例市场的整合分析,可以认为:

第一,为了保证交易首位,就必须要确保充分交收。从一般意义上来说,人们对期货市场的关注通常集中于投资增值、套保以及价格发现等,虽然期货交易也可以交收,但这并不是期货市场的普遍性规律。因为现货市场与实体经济有紧密联系,所以交收率高低往往成为现货市场的重要标准。根据黄金分割原理,现货交易的交收率通常应是期货交收率的 6 倍左右。根据理论界和业界的普遍观点,现货交收率大体应维持在 7% 左右。但我们纵观行业整体,能基本达到这一交收率标准的交易实际上并不多见。这反映了行业面临的一个现实,就是倾向于高交易低交收。显然这种交易格局难以实现服务实体经济的目标。

第二,投资保值是大宗商品固有的功能之一。投资与交易并不矛盾,对投资价值的追求,可以激发交易动机,提高交易效率,增强流通性。但是,如果对投资价值的追求大规模偏离了交易本体,则投资可能会演变为投机。实际上,在大多数情况下,投机恰恰是各种违规违法交易的直接诱因。

第三,大宗商品因其金融属性而被设计成为各种金融产品,以衍生品的形式进入交易领域,从而发展出了一个广泛的衍生品交易市场。理论上来说,衍生市场对提高流通性有益,但若治理缺失,便会有巨大风险。因此必须在坚持"宏观审慎风险可控"的原则下,对衍生市场予以合理引导。

第四,物流对促进流通无疑具有重要意义,但由于现阶段物流成本巨大,从而影响了物流效应,并削弱了物流与交易的内在功能。物流协同应充分遵循降本增效原则,密切结合各自平台的交易结构设计和交易模式选择,或者采用自营物流模式,或者采用第三方物流模式。

三、从交易模式创新分析

交易模式是区别现货交易和期货交易的重要准则。从理论上说,现货交易应着重选择包括挂牌交易、竞拍交易、竞价交易等在内的交易模式。这也是大宗商品交易体现服务实体经济的必然要求。然而,从实践上来看,我国现阶段的大宗商品行业却普遍存在着三个偏好,即"金融化偏好""投资偏好"和"期货偏好"。正是在这些偏好的约束下,许多平台热衷于在模式上做文章,推出了包括连续合约交易、电子撮合交易、点价交易、发售、微盘等一系列新模式。从面上看,这些模式对活跃交易,促进流通性,似乎发挥了一定作用,但严格来说,这些模式通过设置高倍杠杆以及选择性交易,极大扩大了交易风险,并引发了广泛的市场秩序紊乱。这些所谓的新模式无疑直接或间接偏离了现货交易方向。

本书所述的案例市场也在积极推进模式创新,但与行业内大多数平台不同的是,他们在实践中毫不动摇地坚持了服务实体经济和现货交易的方向。表 9-4 介绍了他们在模式创新方面的实践探索。

表 9-4　交易模式创新概览

四川白酒	B2B;B2C;F202C
无锡不锈钢	定制化交易
甬商所	现货递延交易;T+0
广西糖网	结构化交易;银商通
余姚塑料	中塑仓单交易;中塑现货交易;代理服务;中塑在线融资

第一,交易模式创新无疑具有重要意义,但问题的关键在于这些交易模式创新的潜在风险。实际上,一个可行的模式创新至少应满足或符合三项风险原则,即"可度、可控、可解"。从这个意义上来说,当前行业普遍流行的所谓类期货模式,从根本上违背了上述原则。

第二,必须坚持协同与融合。在横向上,以交易为核心,逐步构建交易与支付、清算、融资、担保、保险、仓单、物流管理等跨服务协同格局,大力推进电子交易、B2B、第三方支付、第三方清算等新业态。在纵向上,以交易为核心,逐步构建交易与金融、交易与物流、交易与贸易等跨产业协同格局。大力发展供应链金融、物流金融、产业互联网、产业电商等新业态。这些新业态、新模式建构了当前我国大宗商品交易创新的复杂性格局。

四、从监管创新分析

我国大宗商品市场的劣势对市场品质的影响显而易见。从我国现阶段的实际情况来看,由于法律监管尚未健全,政府监管成了替代性选择。然而政府监管由于信息不对称以及市场分割约束,仍难以达到全面覆盖的效果。尽管此前37号文件和38号文件已提供了相当严格的监管与治理措施,但直到目前为止其治理效果仍有待观察。大宗商品交易监管需在四个方面全面推进。

第一,推进法律监管。加强立法建设,健全法律体系,完善法律监管的制度供给。这是全面监管建设的根本性措施。

第二,推进政府监管。在正确分析和处理政府与市场关系的基础上,明确政府监管职责,政府监管不能替代市场机制的决定性作用。有计划选择部分经济发达地区的交易市场,在法治框架内积极探索实施"负面监管清单"试点试验。

第三,构建全面治理机制。形成"分形治理,分类治理,分业治理"的新型治理格局。

第四,加强自律性监管建设。行业自律,平台自律,从业人员自律是全面监管体系的有机组成部分,自律性监管是建立在道德与责任基础上的自我履行机制。应充分运用道德、责任、声誉、信用等自律性监督杠杆,加快形成全行业自律体系。

附　录

关于深入实施"互联网＋流通"行动计划的意见

国办发〔2016〕 24号

　　"互联网＋流通"正在成为大众创业、万众创新最具活力的领域,成为经济社会实现创新、协调、绿色、开放、共享发展的重要途径。实施"互联网＋流通"行动计划,有利于推进流通创新发展,推动实体商业转型升级,拓展消费新领域,促进创业就业,增强经济发展新动能。为贯彻落实国务院决策部署,深入实施"互联网＋流通"行动计划,进一步推进线上线下融合发展,从供需两端发力,实现稳增长、扩消费、强优势、补短板、降成本、提效益,经国务院同意,现提出以下意见:

　　一、加快推动流通转型升级。以满足消费者需求为中心,积极开展全渠道经营,支持企业突出商品和服务特色,充分应用移动互联网、物联网、大数据等信息技术,在营销、支付、售后服务等方面线上线下互动,全方位、全天候满足消费需求,降低消费成本。大力发展体验消费,引导有条件的企业利用现有商业设施改造发展消费体验示范中心,合理布局购物、餐饮、休闲、娱乐、文化、培训、体育、保健等体验式消费业态,增强实体店体验式、全程式服务能力。着力提高供应链管理控制能力,鼓励百货等零售业态积极发展"买手制",不断提高自营和自主品牌商品比例,通过发展连锁经营、采购联盟等多种组织形式降本增效,提高利用信息化、网络化、智能化技术实现转型升级的能力。增强老字号等传统品牌影响力,积极运用互联网,创新生产工艺和商业模式,弘扬民族、技艺等优秀传统文化,开展知名品牌示范区创建工作,线上线下互动传播中国品牌。推动商品交易市场利用互联网创新商业模式,拓展服务功能,加快平台化发展,以转型升级实现市场结构优化、提质增效,带动产业优化重组,发挥好引导生产、促进消费的作用。

二、积极推进流通创新发展。鼓励发展分享经济新模式,密切跟踪借鉴国外分享经济发展新特点新趋势,结合部门和地方实际创新政府管理和服务,激发市场主体创业创新活力,鼓励包容企业利用互联网平台优化社会闲置资源配置,拓展产品和服务消费新空间新领域,扩大社会灵活就业。支持发展协同经济新模式,通过众创、众包、众扶等多种具体形式,围绕产业链、供应链、服务链建立上下游企业、创业者之间的垂直纵深与横向一体化协作关系,提升社会化协作水平和资源优化配置能力。大力发展流通创新基地,为中小企业应用互联网创业创新提供集群注册、办公场地、基础通信、运营指导、人才培训、渠道推广、信贷融资等软硬件一体化支撑服务。

三、加强智慧流通基础设施建设。加大对物流基地建设、冷链系统建设等的政策性扶持力度,科学规划和布局物流基地、分拨中心、公共配送中心、末端配送网点,加大流通基础设施投入,支持建设农产品流通全程冷链系统,重点加强全国重点农业产区冷库建设。加大农村宽带建设投入,加快提速降费进程,努力消除城乡"数字鸿沟"。加大流通基础设施信息化改造力度,充分利用物联网等新技术,推动智慧物流配送体系建设,提高冷链设施的利用率。科学发展多层次物流公共信息服务平台,整合各类物流资源,提高物流效率,降低物流成本。推进电子商务与物流快递协同发展,及时总结协同发展试点成果,形成可复制、可推广的制度、做法和经验,着力解决快递运营车辆规范通行、末端配送、电子商务快递从业人员基本技能培训等难题,补齐电子商务物流发展短板。

四、鼓励拓展智能消费新领域。鼓励具备条件的城市探索构建线上线下融合发展的体验式智慧商圈,促进商圈内不同经营模式和业态优势互补、信息互联互通、消费客户资源共享,抱团向主动服务、智能服务、立体服务和个性化服务转变,提高商圈内资源整合能力和消费集聚水平。加快实施特色商业街区示范建设工程,发掘地方资源禀赋优势,提高产品和服务特色化、差异化、精准化、数字化营销推广能力,振兴城镇商业。拓展智能消费领域,积极开发虚拟现实、现实增强等人工智能新技术新服务,大力推广可穿戴、生活服务机器人等智能化产品,提高智能化产品和服务的供给能力与水平。

五、大力发展绿色流通和消费。推广绿色商品,限制高耗能、高污染、高环境风险、过度包装产品进入流通和消费环节。开展绿色商场示范活动,大力宣传贯彻绿色商场国家标准、行业标准,创建一批集门店节能改造、节能产品销售和废弃物回收于一体的绿色商场。推动仓储配送与包装绿色化发展,提高商贸物流绿色化发展水平。推动"互联网＋回收"模式创新,利用大数据、云计算等技术优化逆向物流网点布局,鼓励在线回收,加强生活垃圾分类回收和再生资源回收有机衔接。开展"绿色产品进商场、绿色消费进社区、绿色回收进校园"主题宣传活动,推动形成崇尚节俭、科学、绿色的消费理念和生活方式。

六、深入推进农村电子商务。坚持市场运作,充分发挥各类市场主体参与农村电子商务发展的动力和创造力。促进农产品网络销售,以市场需求为导向,鼓励供销合作社等各类市场主体拓展适合网络销售的农产品、农业生产资料、休闲农业等产品和服务,引导电子商务企业与新型农业经营主体、农产品批发市场、连锁超市等建立多种形式的联营协作关系,拓宽农产品进城渠道,突破农产品冷链运输瓶颈,促进农民增收,丰富城市供应。畅通农产品流通,切实降低农产品网上销售的平台使用、市场推广等费用,提高农村互联网和信息化技术应用能力。鼓励电子商务企业拓展农村消费市场,针对农村消费习惯、消费能力、消费需求特点,从供给端提高商品和服务的结构化匹配能力,带动工业品下乡,方便农民消费。鼓励邮政企业等各类市场主体整合农村物流资源,建设改造农村物流公共服务中心和村级网点,切实解决好农产品进城"最初一公里"和工业品下乡"最后一公里"问题。

七、积极促进电子商务进社区。大力发展社区电子商务,鼓励发展社区购物服务应用软件,加强电子商务企业与社区商业网点融合互动,开展物流分拨、快件自取、电子缴费等服务,提高社区商业的信息化、标准化、规范化、集约化水平,提升社区居民生活品质。完善"一站式"便民服务消费功能,支持老旧小区利用闲置房间、地下空间等打造多层次、多形式的便民服务点,将零散的社区服务资源进行线上线下整合,统筹建设和改造餐饮、住宿、家政、洗染、美容美发、维修、物流、金融、文化、娱乐、休闲等生活服务网点,让门店多起来,提高城市居民生活的便利性和城市发展竞争力。

八、加快完善流通保障制度。组织开展道路货运无车承运人试点工作,允许试点范围内无车承运人开展运输业务。按照新修订的《高新技术企业认定管理办法》,落实"互联网＋流通"企业的申报认定工作。推进工商用电同价,允许大型商贸企业参与电力直接交易,开展商业用户自主选择执行商业行业平均电价或峰谷分时电价试点。发挥政府、行业协会作用,科学规划,合理布局,盘活存量,优化增量,鼓励各地采取先买后租、先建后租等多种有力措施,引导降低实体店铺租金,保障社区菜市场、社区食堂等惠民便民服务设施低成本供给,引导线上企业到线下开设实体店,推动线上线下融合发展。阶段性适当降低困难流通企业住房公积金缴存比例。

九、发挥财政资金引导带动作用。积极推进"互联网＋流通"行动,着力降低流通成本,提高流通效率,扩大有效供给,鼓励有条件的地方设立"互联网＋流通"发展基金,引导社会资本、境外资本加大对流通领域互联网等信息技术应用的投入。

十、增强流通领域公共服务支撑能力。鼓励整合建设商务公共服务云平台,对接相关部门服务资源,为流通领域提供政策与基础信息服务,为中小微企业提供商业通用技术应用服务。加快建立健全电子商务统计监测体系,建设真实准确的企业、商品、订单、合同、发票、物流运单等电子商务基础信息库,支撑电子商务市场高效规范运行。加大教育培训结构调整力度,加强电子商务人才继续教育,提高线上线下互动实战能力,培养既懂流通又懂创意创新和网络运营的复合型人才。指导支持各类电子商务创新创意创业大赛,对接行业机构、投融资机构,发现优秀的创业创新项目和创业创新人才。

十一、健全流通法规标准体系。抓紧研究商品流通、电子商务等方面的立法,研究建立流通设施建设、商品流通保障、流通秩序维护等基本制度,解决流通发展中的体制机制问题。研究梳理现行法律法规中与互联网在流通领域创新应用和管理不相适应的内容,加快修订完善,推动线上线下规则统一。健全批发、零售、物流、生活服务、商务服务领域标准体系,加强适应电子商务发展需要的农产品生产、采摘、检验检疫、分拣、分级、包装、配送和"互联网＋回收"等标准体系建设,加人标准贯彻实施力度,引导企业规范化发展。

十二、营造诚信经营公平竞争环境。适应"互联网＋流通"发展需要,不断创新监管手段,采取合理的监管方式,加强事中事后监管,加大对侵权假冒、无证无照经营、虚假交易等行为的打击力度,保障群众买到质优价廉的商品,放心消费、安全消费。鼓励平台型服务企业利用技术手段加强对违法违规行为的监测、识别和防范,主动与执法部门建立联防联控机制;严厉打击平台型服务企业包庇、纵容违法违规经营行为,营造保障"互联网＋流通"行动计划顺利实施的法治化营商环境。推进商务信用体系建设,结合"三证合一、一照一码"登记制度改革,充分利用全国信用信息共享平台和企业信用信息公示系统,健全政府部门信用信息共享机制,并通过"信用中国"网站向社会提供服务,建立基于消费者交易评价和社会公众综合评价的市场化企业信用信息采集、共享与使用机制,不断优化评价标准和方法,形成多方参与、标准统一的商务诚信体系。

　　各地区、各部门要加强组织领导和贯彻实施,既要切实发挥好市场在资源配置中的决定性作用,也要发挥好政府的引导调控作用;既要立足当前,也要惠及长远。各地区要结合本地实际制定具体实施方案,明确工作分工,落实工作责任。商务部要会同有关部门建立工作联系机制,加强统筹协调、业务指导和督促检查,重大问题和情况及时报告国务院。

关于深化制造业与互联网融合发展的指导意见

国发〔2016〕 28号

制造业是国民经济的主体,是实施"互联网＋"行动的主战场。我国是制造业大国,也是互联网大国,推动制造业与互联网融合,有利于形成叠加效应、聚合效应、倍增效应,加快新旧发展动能和生产体系转换,前景广阔、潜力巨大。当前,我国制造业与互联网融合步伐不断加快,在激发"双创"活力、培育新模式新业态、推进供给侧结构性改革等方面已初显成效,但仍存在平台支撑不足、核心技术薄弱、应用水平不高、安全保障有待加强、体制机制亟需完善等问题。为进一步深化制造业与互联网融合发展,协同推进"中国制造2025"和"互联网＋"行动,加快制造强国建设,提出以下意见。

一、总体要求

(一)指导思想。全面贯彻党的十八大和十八届三中、四中、五中全会精神,按照国务院决策部署,牢固树立和贯彻落实创新、协调、绿色、开放、共享的发展理念,以激发制造企业创新活力、发展潜力和转型动力为主线,以建设制造业与互联网融合"双创"平台为抓手,围绕制造业与互联网融合关键环节,积极培育新模式新业态,强化信息技术产业支撑,完善信息安全保障,夯实融合发展基础,营造融合发展新生态,充分释放"互联网＋"的力量,改造提升传统动能,培育新的经济增长点,发展新经济,加快推动"中国制造"提质增效升级,实现从工业大国向工业强国迈进。

(二)基本原则。

坚持创新驱动,激发转型新动能。积极搭建支撑制造业转型升级的各类互联网平台,充分汇聚整合制造企业、互联网企业等"双创"力量和资源,带动技术产品、组织管理、经营机制、销售理念和模式等创新,提高供给质量和效率,激发制造业转型升级新动能。

坚持融合发展,催生制造新模式。促进技术融合与理念融合相统一,推动制造企业与互联网企业在发展理念、产业体系、生产模式、业务模式等方面全面融合,发挥互联网聚集优化各类要素资源的优势,构建开放式生产组织体系,大力发展个性化定制、服务型制造等新模式。

坚持分业施策,培育竞争新优势。深刻把握互联网技术在不同行业、环节的扩散规律和融合方式,针对不同行业、企业融合发展的基础和水平差异,完善融合推进机制和政策体系,培育制造业竞争新优势。

坚持企业主体,构筑发展新环境。充分发挥市场机制作用,更好发挥政府引导作用,突出企业主体地位,优化政府服务,妥善处理鼓励创新与加强监管、全面推进与错位发展、加快发展与保障安全的关系,形成公平有序的融合发展新环境。

(三)主要目标。

到 2018 年底,制造业重点行业骨干企业互联网"双创"平台普及率达到 80%,相比 2015 年底,工业云企业用户翻一番,新产品研发周期缩短 12%,库存周转率提高 25%,能源利用率提高 5%。制造业互联网"双创"平台成为促进制造业转型升级的新动能来源,形成一批示范引领效应较强的制造新模式,初步形成跨界融合的制造业新生态,制造业数字化、网络化、智能化取得明显进展,成为巩固我国制造业大国地位、加快向制造强国迈进的核心驱动力。

到 2025 年,制造业与互联网融合发展迈上新台阶,融合"双创"体系基本完备,融合发展新模式广泛普及,新型制造体系基本形成,制造业综合竞争实力大幅提升。

二、主要任务

(四)打造制造企业互联网"双创"平台。组织实施制造企业互联网"双创"平台建设工程,支持制造企业建设基于互联网的"双创"平台,深化工业云、大数据等技术的集成应用,汇聚众智,加快构建新型研发、生产、管理和服务模式,促进技术产品创新和经营管理优化,提升企业整体创新能力和水平。鼓励大型制造企业开放"双创"平台聚集的各类资源,加强与各类创业创新基地、众创空间合作,为全社会提供专业化服务,建立资源富集、创新活跃、高效协同的"双创"新生态。深化国有企业改革和科技体制改革,推动产学研"双创"资源的深度整合和开放共享,支持制造企业联合科研院所、高等院校以及各类创新平台,加快构建支持协同研发和技术扩散的"双创"体系。

(五)推动互联网企业构建制造业"双创"服务体系。组织实施"双创"服务平台支撑能力提升工程,支持大型互联网企业、基础电信企业建设面向制造企业特别是中小企业的"双创"服务平台,鼓励基础电信企业加大对"双创"基地宽带网络基础设施建设的支持力度,进一步提速降费,完善制造业"双创"服务体系,营造大中小企业合作共赢的"双创"新环境,开创大中小企业联合创新创业的新局面。鼓励地方依托国家新型工业化产业示范基地、国家级经济技术开发区、国家高新技术产业开发区等产业集聚区,加快完善人才、资本等政策环境,充分运用互联网,积极发展创客空间、创新工场、开源社区等新型众创空间,结合"双创"示范基地建设,培育一批支持制造业发展的"双创"示范基地。组织实施企业管理能力提升工程,加快信息化和工业化融合管理体系标准制定和应用推广,推动业务流程再造和组织方式变革,建立组织管理新模式。

(六)支持制造企业与互联网企业跨界融合。鼓励制造企业与互联网企业合资合作培育新的经营主体,建立适应融合发展的技术体系、标准规范、商业模式和竞争规则,形成优势互补、合作共赢的融合发展格局。推动中小企业制造资源与互联网平台全面对接,实现制造能力的在线发布、协同和交易,积极发展面向制造环节的分享经济,打破企业界限,共享技术、设备和服务,提升中小企业快速响应和柔性高效的供给能力。支持制造企业与电子商务企业开展战略投资、品牌培育、网上销售、物流配送等领域合作,整合线上线下交易资源,拓展销售渠道,打造制造、营销、物流等高效协同的生产流通一体化新生态。

(七)培育制造业与互联网融合新模式。面向生产制造全过程、全产业链、产品全生命周期,实施智能制造等重大工程,支持企业深化质量管理与互联网的融合,推动在线计量、在线检测等全产业链质量控制,大力发展网络化协同制造等新生产模式。支持企业利用互联网采集并对接用户个性化需求,开展基于个性化产品的研发、生产、服务和商业模式创新,促进供给与需求精准匹配。推动企业运用互联网开展在线增值服务,鼓励发展面向智能产品和智能装备的产品全生命周期管理和服务,拓展产品价值空间,实现从制造向"制造＋服务"转型升级。积极培育工业电子商务等新业态,支持重点行业骨干企业建立行业在线采购、销售、服务平台,推动建设一批第三方电子商务服务平台。

（八）强化融合发展基础支撑。推动实施国家重点研发计划,强化制造业自动化、数字化、智能化基础技术和产业支撑能力,加快构筑自动控制与感知、工业云与智能服务平台、工业互联网等制造新基础。组织实施"芯火"计划和传感器产业提升工程,加快传感器、过程控制芯片、可编程逻辑控制器等产业化。加快计算机辅助设计仿真、制造执行系统、产品全生命周期管理等工业软件产业化,强化软件支撑和定义制造业的基础性作用。构建信息物理系统参考模型和综合技术标准体系,建设测试验证平台和综合验证试验床,支持开展兼容适配、互联互通和互操作测试验证。

（九）提升融合发展系统解决方案能力。实施融合发展系统解决方案能力提升工程,推动工业产品互联互通的标识解析、数据交换、通信协议等技术攻关和标准研制,面向重点行业智能制造单元、智能生产线、智能车间、智能工厂建设,培育一批系统解决方案供应商,组织开展行业系统解决方案应用试点示范,为中小企业提供标准化、专业化的系统解决方案。支持有条件的企业开展系统解决方案业务剥离重组,推动系统解决方案服务专业化、规模化和市场化,充分发挥系统解决方案促进制造业与互联网融合发展的"粘合剂"作用。

（十）提高工业信息系统安全水平。实施工业控制系统安全保障能力提升工程,制定完善工业信息安全管理等政策法规,健全工业信息安全标准体系,建立工业控制系统安全风险信息采集汇总和分析通报机制,组织开展重点行业工业控制系统信息安全检查和风险评估。组织开展工业企业信息安全保障试点示范,支持系统仿真测试、评估验证等关键共性技术平台建设,推动访问控制、追踪溯源、商业信息及隐私保护等核心技术产品产业化。以提升工业信息安全监测、评估、验证和应急处置等能力为重点,依托现有科研机构,建设国家工业信息安全保障中心,为制造业与互联网融合发展提供安全支撑。

三、保障措施

（十一）完善融合发展体制机制。深入推进简政放权、放管结合、优化服务改革,放宽新产品、新业态的市场准入限制,加强事中事后监管,提升为企业服务的能力和水平,营造有利于制造业与互联网融合发展的环境。适应制造业与互联网跨界融合发展趋势,积极发挥行业协会和中介组织的桥梁纽带作用,鼓励建立跨行业、跨领域的新型产学研用联盟,开展关键共性技术攻关、融合标准制定和公共服务平台建设。围绕新商业模式知识产权保护需求,完善相关政策法规,建设结构合理、层次分明、可持续发展的知识产权运营服务网络。

(十二)培育国有企业融合发展机制。鼓励中央企业设立创新投资基金,引导地方产业投资基金和社会资本,支持大企业互联网"双创"平台建设、创新创意孵化、科技成果转化和新兴产业培育。建立有利于国有企业与互联网深度融合、激发企业活力、积极开展"双创"的机制,完善国有企业内部创新组织体系和运行机制,探索引入有限合伙制,完善鼓励创新、宽容失败的经营业绩考核机制,研究建立中央企业创新能力评价制度,建立促进创新成果转让的收益分配、工资奖励等制度,对企业重要技术人员和经营管理人员实施股权和分红激励政策。

(十三)加大财政支持融合发展力度。利用中央财政现有资金渠道,鼓励地方设立融合发展专项资金,加大对制造业与互联网融合发展关键环节和重点领域的投入力度,为符合条件的企业实施设备智能化改造、"双创"平台建设运营和应用试点示范项目提供支持。充分发挥现有相关专项资金、基金的引导带动作用,支持系统解决方案能力提升和制造业"双创"公共服务平台建设。制造业与互联网融合发展相关工作或工程中涉及技术研发、确需中央财政支持的,通过优化整合后的科技计划(专项、基金等)统筹予以支持。创新财政资金支持方式,鼓励政府采购云计算等专业化第三方服务,支持中小微企业提升信息化能力。

(十四)完善支持融合发展的税收和金融政策。结合全面推开营改增试点,进一步扩大制造企业增值税抵扣范围,落实增值税优惠政策,支持制造企业基于互联网独立开展或与互联网企业合资合作开展新业务。落实研发费用加计扣除、高新技术企业等所得税优惠政策,积极研究完善科技企业孵化器税收政策。选择一批重点城市和重点企业开展产融合作试点,支持开展信用贷款、融资租赁、质押担保等金融产品和服务创新。鼓励金融机构利用"双创"平台提供结算、融资、理财、咨询等一站式系统化金融服务,进一步推广知识产权质押,创新担保方式,积极探索多样化的信贷风险分担机制。

(十五)强化融合发展用地用房等服务。支持制造企业在不改变用地主体和规划条件的前提下,利用存量房产、土地资源发展制造业与互联网融合的新业务、新业态,实行5年过渡期内保持土地原用途和权利类型不变的政策。鼓励有条件的地方因地制宜出台支持政策,积极盘活闲置的工业厂房、企业库房和物流设施等资源,对办公用房、水电、网络等费用给予补助,为致力于制造业与互联网融合发展的创业者提供低成本、高效便捷的专业服务。

（十六）健全融合发展人才培养体系。深化人才体制机制改革，完善激励创新的股权、期权等风险共担和收益分享机制，吸引具备创新能力的跨界人才，营造有利于融合发展优秀人才脱颖而出的良好环境。支持高校设置"互联网＋"等相关专业，推进高等院校专业学位建设，加强高层次应用型专门人才培养。在重点院校、大型企业和产业园区建设一批产学研用相结合的专业人才培训基地，积极开展企业新型学徒制试点。结合国家专业技术人才知识更新工程、企业经营管理人才素质提升工程、高技能人才振兴计划等，加强融合发展职业人才和高端人才培养。在大中型企业推广首席信息官制度，壮大互联网应用人才队伍。

（十七）推动融合发展国际合作交流。积极发起或参与互联网领域多双边或区域性规则谈判，提升影响力和话语权。推动建立中外政府和民间对话交流机制，围绕大型制造企业互联网"双创"平台建设、融合发展标准制定以及应用示范等，开展技术交流与合作。结合实施"一带一路"等国家重大战略，运用丝路基金、中非发展基金、中非产能合作基金等金融资源，支持行业协会、产业联盟与企业共同推广中国制造业与互联网融合发展的产品、技术、标准和服务，推动制造业与互联网融合全链条"走出去"，拓展海外市场；提升"引进来"的能力和水平，利用全球人才、技术、知识产权等创新资源，学习国际先进经营管理模式，支持和促进我国制造业与互联网融合发展。

各地区、各部门要高度重视深化制造业与互联网融合发展工作，统一思想，提高认识，加大工作力度，切实抓好本意见实施。国家制造强国建设领导小组要统筹研究完善制造业与互联网融合发展推进机制，加强对重大问题、重大政策和重大工程的综合协调，部署开展督导检查，推动各项任务落实。各有关部门要按照职责分工，加强协同配合，做好指导协调，抓紧出台配套政策，完善相关规章制度，强化跟踪督查，及时帮助有关方面解决遇到的困难和问题。国家制造强国建设战略咨询委员会要充分发挥作用，组织开展基础性、前瞻性、战略性研究，为重大决策及相关工程实施提供咨询。各地区要结合实际建立健全工作机制，制定具体实施方案，加强考核评估，确保融合发展各项任务落到实处。

索　引

后　记

　　本书是宁波市大宗商品交易研究基地 2015—2016 年度课题最终成果。课题总负责人为王永龙教授,各子课题负责人分别为蒋天颖、刘莉、王瑞、李书彦、徐妙君、伍婵提。最终成果由王永龙、伍婵提统稿。

　　我校校长孙惠敏教授作为基地主任,对基地各项研究工作推进给予了多方面的积极支持和建议。

　　感谢中物联大宗分会、宁波市社科院、宁波市海关、宁波市发改委服务业处、宁波市现代物流规划研究院在课题研究过程中提供的文献与数据支持;感谢学校科研处对本项课题研究工作的有效协调。

　　课题研究过程中参考了大量国内外文献,汲取了众多学者的研究成果,在此谨表谢意。

王永龙
2017 年 10 月